DuBois de Beauchesne (V.te H.A)
1874. — Novembre 3.

CATALOGUE

DE LA

BIBLIOTHÈQUE

DE FEU

M. LE Vte H.-A. DU BOIS DE BEAUCHESNE

Ancien gentilhomme ordinaire de la Chambre du roi Charles X,
ancien secrétaire des Beaux-Arts,
chef de la Section historique aux Archives de France,
membre de la Société des bibliophiles français,
officier de la Légion d'honneur, chevalier de 1re classe
de Saint-Louis de Parme, chevalier de Saint-Grégoire-le-Grand
et de plusieurs autres ordres étrangers.

Dont la vente aura lieu

le mardi 3 novembre 1874 et jours suivants,

RUE DES BONS-ENFANTS, 28, MAISON SILVESTRE

SALLE No 1

Par le ministère de Me DELBERGUE-CORMONT,
commissaire-priseur

8, rue de-Provence.

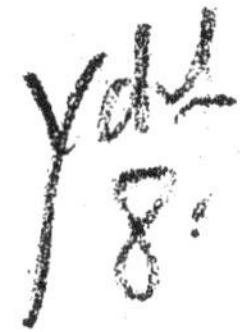

PARIS

LIBRAIRIE BACHELIN-DEFLORENNE
3, quai Malaquais, 3

SUCCURSALE : LIBRAIRIE DE L'OPÉRA
10, boulevard des Capucines.

1874

Paris. -- Imp. Gauthier-Villars, 55, quai des Grands-Augustins. —
2841 74.

CATALOGUE

DE LA

BIBLIOTHÈQUE

DE FEU

M. A. DE BEAUCHESNE

Les commissions seront reçues à la Librairie
Bachelin-Deflorenne, 3, quai Malaquais, aux
conditions d'usage.

—

Exposition publique de deux à quatre heures,
chaque jour de vente.

—

CONDITIONS DE LA VENTE

Les acquéreurs payeront 5 pour cent en sus des
enchères.

Les livres vendus devront être collationnés sur
place dans les vingt-quatre heures de l'adjudication.
Passé ce délai, ou une fois sortis de la salle de vente,
ils ne seront repris pour aucune cause.

CATALOGUE

DE LA

BIBLIOTHÈQUE

DE FEU

M. LE Vte H.-A. DU BOIS DE BEAUCHESNE

Ancien gentilhomme ordinaire de la Chambre du roi Charles **X**,
ancien secrétaire des Beaux-Arts.
chef de la Section historique aux Archives de France,
membre de la Société des bibliophiles français,
officier de la Légion d'honneur, chevalier de 1re classe
de Saint-Louis de Parme, chevalier de Saint-Grégoire-le-Grand
et de plusieurs autres ordres étrangers.

Dont la vente aura lieu

le mardi 3 novembre 1874 et jours suivants,

RUE DES BONS-ENFANTS, 28, MAISON SILVESTRE

SALLE No I

Par le ministère de Me DELBERGUE-CORMONT,
commissaire-priseur

8, rue de Provence.

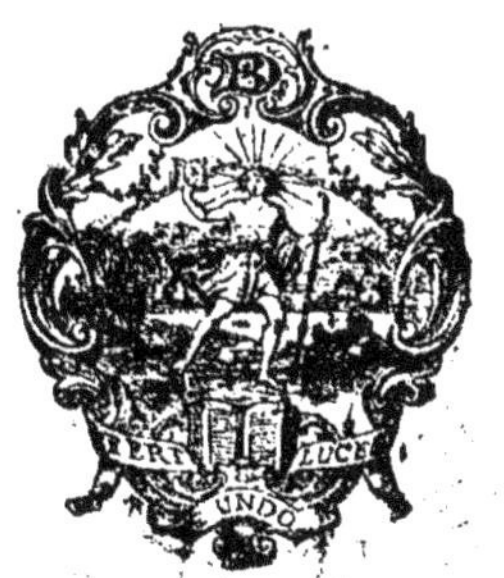

PARIS

LIBRAIRIE BACHELIN-DEFLORENNE

3, quai Malaquais, 3

SUCCURSALE : LIBRAIRIE DE L'OPÉRA
10, boulevard des Capucines.

1874

ORDRE DES VACATIONS

Première vacation. — *Mardi |3 novembre* 1874.
Numéros 1 à 170.

Deuxième vacation. — *Mercredi 4 novembre.*
Numéros 171 à 340.

· Troisième vacation. — *Jeudi 5 novembre.*
Numéros 341 à 510.

Quatrième vacation. — *Vendredi 6 novembre.*
Numéros 511 à 681.

Cinquième vacation. — *Samedi 7 novembre.*
Numéros 682 à la fin.

CATALOGUE

DE LA

BIBLIOTHÈQUE

DE M. A. DE BEAUCHESNE

RÉVOLUTION FRANÇAISE

I. — PROLÉGOMÈNES

§ 1. — BIBLIOGRAPHIE.

1. Collection de matériaux pour servir à l'histoire de la Révolution de France, par Deschiens. *Paris,* 1829, in-8, d.-rel. v. f.

2. Description historique et bibliographique de la collection du comte H. de La Bédoyère, par France. *Paris,* 1862, gr. in-8, cart., n. rog., portr.

3. Bibliothèque de la reine Marie-Antoinette au Petit Trianon, catalogue publié par Paul Lacroix.

I

Paris, Jules Gay, 1863, in-18, rel. mar. r. pl., fil., dent., tr. dor.

4. Catalogue des livres de la bibliothèque de feu M. Mirabeau l'aîné. *Paris, Rozet*, 1791, in-8, rel. v.

> Avec les prix.

§ 2. — Histoire antérieure a 1789.

5. Histoire abrégée des Républiques anciennes et modernes, par le citoyen Bulard. *Paris*, an IV, 4 vol. in-18, fig., dem.-rel. maroq. rou.

6. Morale de Marc-Aurèle, par L.-C.-T. Rousseau. *Paris*, an VII, in-18, dem.-rel. v. bl.

7. Annales du civisme et de la vertu, présentées à la Convention par L. Bourdon. An II, 5 n^{os} en 1 vol. in-8, d.-rel. v. f.

8. Histoire nationale, ou Annales de l'Empire, depuis Clovis jusqu'à nos jours. 1791-92, 5 vol., fig., rel. bas.

> Les figures du tome V sont curieuses.

9. Les Crimes des rois de France, depuis Clovis jusqu'à Louis XVI, par Louis La Vicomterie. *Paris*, 1791, in-8, dem.-rel. maroq. La Vall. (*Closs.*)

> La vignette des Crimes des rois, *gravée par un bon patriote*, est coloriée dans notre exemplaire.
>
> Outre les Crimes des rois de France, ce volume contient :
>
> 1° Réflexions du citoyen La Vicomterie sur le procès criminel du ci-devant roi ;
>
> 2° L'appel au peuple est un paradoxe, par le même ;
>
> 3° La monarchie vengée des attentats des républicains modernes ;
>
> 4° Les trois âges de Louis XVI ;
>
> 5° Discours prononcé par le roi à l'Assemblée nationale, le 4 février 1790 ;

6° Lettre écrite au nom du roi par M. de Montmorin ;
7° Quel est le gouvernement qui convient le mieux à la France ;
8° Tableau général des crimes des Républiques anciennes et modernes.

10. Les Crimes des reines de France, depuis le commencement de la monarchie jusqu'à la mort de Marie-Antoinette, par L. Prudhomme. *Paris*, an II, in-8, dem.-rel. maroq. rouge. (*Cinq gravures*.)

> Cette édition est particulièrement recherchée ; elle contient le chapitre intitulé : *Crimes de Marie-Antoinette d'Autriche, dernière reine de France.* Ce chapitre a inspiré à M. de Beauchesne un poëme lyrique, dont l'original autographe enrichit le présent exemplaire.
> La pièce suivante est reliée à la suite des *Crimes des reines :*
> Dénonciation du livre portant pour titre les Crimes des reines de France, par M. Rocheplate, ancien officier d'infanterie. *Paris, Crapart*, 1792. (*Rare.*)

11. Crimes des Bourbons, depuis Louis XIII jusqu'à Charles X. *Paris*, 1830, in-18, dem.-rel. bas., vign. coloriées.

12. Les Crimes des empereurs d'Allemagne. *Paris*, 1793, in-8, fig., dem.-rel. maroq. rouge.

13. Histoire des confesseurs des empereurs, des rois et d'autres princes, par Grégoire. *Paris*, 1824, in-8, dem.-rel. maroq. roug., n. rogn.

14. Les Intrigues amoureuses des rois de France. *Paris*, 1790. — Les Crimes, les Forfaits et les Turpitudes des rois de France. 1831, fig. — Ens. 1 vol. in-18, d.-rel. v. f.

> M. de Beauchesne flétrit l'esprit injurieux de ces petits ouvrages dans une longue note qui est sur la garde du volume.

15. La Proscription de la Saint-Barthélemy (par Rœderer). *Paris*, 1830, in-8, dem.-rel. maroq.

16. La Vie, les Amours, le Procès et la Mort de Marie Stuart, reine de France et d'Écosse. *Paris*,

1793. — Recherches historiques et critiques sur les preuves de l'accusation intentée contre Marie Stuart, par William Tytler, avec une préface par le prince Alexandre Labanoff. *Paris*, 1861. — Ens. 2 vol. in-8, cart.

> Hommage et lettre d'envoi autographes signés du prince Labanoff.

17. Cérémonies et Prières du sacre des rois de France. *Paris, Didot*, 1825, in-18, dem.-rel. maroq. bl., tr. sup. dor., n. rogn.

18. Histoire de la décadence de la monarchie, par Soulavie. *Paris*, 1803, 3 vol. cart. en 2 in-8, n. rogn., fig.

19. Les Princesses de la maison de Bourbon, depuis Henri IV jusqu'à nos jours. *Paris, Ledentu*, 1814, in-18, cart.

20. Les Fastes du peuple français, ou tableaux raisonnés de toutes les actions héroïques et civiques du soldat et du citoyen français, par Jacques Grasset Saint-Sauveur. *Paris*, 1796 (an IV), in-4, environ 200 planches, dem.-rel. v.

21. Tableau historique et chronologique des guerres, révolutions, etc., depuis la naissance de Louis XIV jusqu'en 1810, par Bordes. 1813, 2 vol. in-12 en 1, rel. vél. — Almanach national de 1790, in-8, rel. vél. — Dénombrement constitutionnel de la France. 1791, cart., n. rogn.

22. Annales du royaume de France, du 1ᵉʳ septembre 1715 au 29 décembre 1787, par F.-N. Aubéry. *Paris*, 1822, in-8, rel. maroq. v., fil. gauf., dent. (*Armes de la duchesse de Berry.*)

> Exemplaire de la bibliothèque de Rosny.

23. Le Procès des trois rois Louis XVI, Charles III

et Georges III d'Hanovre. *Londres*, 1780, in-8,
d.-rel.

Avec une grande caricature.

24. Histoire patriotique des arbres de la liberté,
par Grégoire. *Paris, Havard*, 1833. — Gre-
goiriana, par Cousin d'Avalon. *Paris, Plancher*,
1821, portr.—Ens. 2 vol. in-18, dem.-rel. v. fauv.

25. Essai historique et patriotique sur les arbres
de la liberté, par Grégoire. An II, in-18, d.-rel. v.,
n. rog.

Edition originale, avec une petite pièce de vers de M. de Beauchesne peu favorable à l'auteur et à ses amis les révolutionnaires.

26. Mémoires de M. le duc de Lauzun. *Paris*, 1822,
in-8, dem.-rel. v. ant.

27. Mémoires de la minorité de Louis XV, par
J.-B. Massillon, évêque de Clermont. *Paris*,
1792, in-8, v. gr. (*Armes.*)

28. Pièces originales et procédures du procès fait à
Robert-François Damiens, tant en la prevôté de
l'hôtel qu'en la cour de parlement. *Paris*, 1750,
1 vol. in-4, mar. rouge, tr. dor.

Exemplaire aux armes de M. de Beauchesne.

29. Mémoire pour M. le duc d'Aiguillon. (*Sans
titre*), in-12. — Mémoires du ministère d'Aiguillon. 1790, in-8. — Mémoires du ministère
d'Aiguillon. 1792, in-8 — Ens. 3 vol., dem.-rel.
bas.

30. Mémoires de M. le duc de Choiseul, écrits par
lui-même. *A Chanteloup*, 1790, 2 vol. in-8, rel.
v. ant., fil.

Douze vers autographes signés de M. de Beauchesne sur la
garde de ce vol.

31. Portrait de feu monseigneur le Dauphin. *A Pa-*

ris, 1766. (*Fig. de Cochin.*) — Oraison funèbre de monseigneur Louis, dauphin. 1766. — Le Cosmopolisme, publ. à Londres à l'occasion du mariage de Louis-Auguste, dauphin de France. *Amsterdam*, 1770. — Ens. 3 p. in-8, dem.-rel. mar.

32. Vie de Madame Louise de France, religieuse carmélite, fille de Louis XV, par l'abbé Proyart. *Lyon*, 1829.—La Fille de Louis XVI, par Mme de Renneville. *Paris*, 1814. — Vie de Mme la Dauphine, mère de S. M. Louis XVIII. *Paris*, 1817, portr. — Ens. 3 vol. in-12, rel. ou cart.

33. Vie de Madame Louise de France, religieuse carmélite, fille de Louis XV, par feu l'abbé Proyart. *Lyon*, 1808, 2 vol. in-12, portr., rel. v. rac.

34. Mémoires historiques de Mesdames Adélaïde et Victoire de France, par M. T.*Paris*, an XI (1803), 2 vol. in-12, d.-rel. mar. bl.

35. Mesdames, tantes du roi. 8 p. in-8, br.

> Relation du voyage de Mesdames, tantes du roi, en 1791. *Paris*, 1816. — Prise d'habit de Madame Louise de France. 1770. — Arrivée de Mesdames à Rome. — Détail de ce qui s'est passé à Paris le 23 février aux Tuileries. Fermentation occasionnée par le départ de Mesdames. 1791.

36. Vie du Dauphin, père des rois Louis XVI, Louis XVIII et Charles X, par Henri de L'Epinois. *Paris*, s. d., in-12, d.-rel. mar., non rog.

> Hommage de l'auteur.

37. Mémoires authentiques de la comtesse du Barri, maîtresse de Louis XV, extraits d'un manuscrit que possède Mme la duchesse de Villeroy, par le chevalier Fr. N. *Londres*, 1772, in-12, d.-rel., dos et coins maroq. viol., dor. en tête, non rogn.

38. Anecdotes sur Mme la comtesse du Barri. *A Londres*, 1775, in-12, v. f.

39. Mémoires de la vie galante, politique et littéraire de l'abbé Aunillon Delaunay du Gué, ambassadeur de Louis XV. *Paris,* 1808, 2 tomes en 1 vol. in-8, rel. v. gr.

40. Avantures divertissantes du duc de Roquelaure. *Versailles,* 1789, in-18, d.-rel. maroq. citr., tr. sup. dor., non rogn.

41. La Famille Cazotte, par Anne-Marie (Mme la comtesse de Hautefeuille). *Paris,* 1847, in-8, cart., n. rogn.

42. Témoignage d'un royaliste, par J.-S. Cazotte. *Paris,* 1839, in-8, dem.-rel. mar. v.

43. Correspondance mystique de J. Cazotte. *Paris,* an VI, portr., in-18, d.-rel. bas.

44. Journal historique de la révolution opérée dans la constitution de la monarchie française, par Maupeou. *Londres,* 1775, 3 vol. in-12, v. f., fil. — Maupeouana, ou correspondance secrète de Maupeou. 1773, 2 vol. in-12, v. m., caricatures.

> M. de Beauchesne a fait, sur la garde de l'un des volumes, l'épitaphe en deux vers de ce personnage bien connu.

45. Mémoires sur la vie et les ouvrages de M. Turgot. *Philadelphie,* 1782, 2 part. en 1 v. in-8, rel. v. gr., fil.

> Exemplaire aux armes du duc de Larochefoucauld-Liancourt.

46. Le Prisonnier d'Etat, ou Tableau historique de la captivité de Le Prévôt de Beaumont durant vingt-deux ans (à la Bastille). 1791, in-8, dem.-rel., d. et c. m. r., fig.

47. Vie de Jeanne de St-Remy de Valois, ci-devant comtesse de La Motte, écrite par elle-même. *Paris, l'an premier de la République française,* 2 vol. in-8, dem.-rel. maroq. bl.

48. Mémoires justificatifs de la comtesse Valois de La Motte. *Londres,* 1789, in-8, rel.

49. Mémoires justificatifs de la comtesse Valois de La Motte. *Londres,* 1789. — Second Mémoire justificatif de Mme de La Motte. *Londres,* 1789, avec la gravure : le cardinal et la reine. — Petite Histoire d'une grande dame (Mme de Polignac) connue par ses intrigues. 1789. — Dialogue entre Necker et Mme de Polignac. — Ens. 1 vol. in-8, demi-rel. v. f.

> Une chanson piquante copiée par M. de Beauchesne est jointe à ce volume, et une pièce de vers sur Mme de La Motte se trouve également sur la garde.

50. Mémoires justificatifs de la comtesse Valois de La Motte. 1789. — Second Mémoire justificatif de Mme de La Motte. 1789, avec fig. — Lettre de la comtesse Valois de La Motte à la reine. 16 p. — Ens. 1 vol. in-8, d.-rel.

> Cette dernière pièce est un pamphlet violent contre la reine, et elle est *rare.*

51. Justification, Jugement, Correspondance et Testament de Favras. Recueil in-8, r. v. f., fil., dent. (*Armes de M. de Beauchesne.*)

> 1° Justification de M. de Favras. 1791, 2 vol.
> 2° Correspondance du marquis et de la marquise de Favras. *Id.*
> 3° Testament authentique de mort de Thomas de Mahy de Favras. 1790.
> Cet exemplaire contient, en outre : un portrait et deux vignettes du temps ajoutés ; deux pièces de vers autographes signées de M. de Beauchesne.
> Cet exemplaire a appartenu à Mahy de Cormeré, frère de Favras, éditeur de la *Justification.* Il porte à deux endroits la signature de *Mahy de Cormeré.*

II. — HISTOIRE GÉNÉRALE

§ 1. — Histoires, Mémoires, Relations, Etc.

52. Commentaire philosophique et politique sur l'histoire et les révolutions de France, par Jean Benner. 1835, 3 vol. in-8, d.-rel.

53. Recherches sur la science du gouvernement, par le comte Joseph Gorani. *Paris*, 1792, 2 vol. in-8, dem.-rel. v. ant.

54. Révélations indiscrètes du xviiie siècle, par Bernis, Bossuet, Cabanis, Champcenetz, Chénier, Ducrot,... Saint-Martin... *Paris*, 1814, in-18, d.-rel. maroq.

55. Résumé des principales questions politiques agitées depuis la fin du xviiie siècle, par le comte d'Augicourt-Poligny. *Paris, Egron,* 1823, in-8, rel., dos et coins mar., tr. sup. dor., non rogn.

56. Pensées sur la philosophie et l'incrédulité, ou Réflexions sur l'esprit et le dessein des philosophes irréligieux de ce siècle, par l'abbé Lamourette. *Paris*, 1785, in-8, d.-rel. v. f.

57. Parallèle des révolutions, par Marie-Nicolas-Sylvestre Guillon, prêtre. 1792, in-8, rel. v. rac. — Parallèle de la révolution d'Angleterre en 1642 et celle de France, par Nougaret. *Metz, s. d.,* in-8, cart., non rogn. — Ens. 2 vol.

58. De l'Influence attribuée aux philosophes, aux francs-maçons et aux illuminés sur la Révolution de France, par J.-J. Mounier. *Paris*, 1828, in-8, d.-rel. m. vert.

59. De la Pensée du gouvernement républicain, par Bertrand Barère. Floréal an V. — La Liberté des mers, ou le Gouvernement anglais dévoilé, par B. Barère. An VI, 2 vol.—Ens. 3 vol. rel. en 2 vol.

60. De l'Esprit d'agitation des républiques. *Londres*, 1799, in-18, d.-rel. v.

> Dans une longue note de M. de Beauchesne, on voit dans ce petit volume la peinture réelle des sociétés européennes.

61. L'Ancien Régime et la Révolution, par Chauvin. 1842, in-12, d.-rel. v. f.

> Ave une pièce de vers autographe inédite de M. de Beauchesne contre e nouveau régime.

62. De l'Usage et de l'Abus de l'esprit philosophique durant le xviiie siècle, par J.-E.-M. Portalis. *Paris,* 1820, 2 vol. in-8, d.-rel. v.

63. De l'Influence de la philosophie sur les forfaits de la Révolution. *S. d.*, in-8, cart., n. rogn.

64. De J.-J. Rousseau considéré comme l'un des premiers auteurs de la Révolution, par M. Mercier. *Paris*, juin 1791, 2 vol. in-8, cart., n. rogn.

65. Droits de l'homme, par Thomas Paine. *Paris*, 1791, 2 vol. en 1, v. rac. — Les Droits du peuple, par La Vicomterie. *Lyon*, 1791, v.—Ens. 2 v. in-8.

66. Ligue des nobles et des prêtres contre les peuples et les rois. *Paris*, 1820, 2 vol. in-8, d.-rel. v. f.

67. Les Préjugés détruits, par J.-M. Lequinio, membre de la Convention. *Paris*, 1793, in-8, d.-rel. mar. rouge.

68. Du Peuple et des Rois, par M. de La Vicomterie. 1791.—Les Droits du peuple sur l'Assemblée

nationale, par le même. *Lyon*, 1771. — Ens. 2 v.
in-8 en un, cart.

69. Théorie du pouvoir politique et religieux dans
la société civile (par M. de Bonald). 1796, 2 vol.
in-8, d.-rel. maroq., n. rogn. (*Edit. orig.*)

70. Cathéchisme français, républicain, par un sans-
culotte français. *Paris*, an II. — Nouveau Catéchisme républicain à l'usage des sans-culottes et
de leurs enfants. *Paris, s.d.* — Ens. 2 vol. in-18
rel. en un, mar. rouge, fil., dent., tr. dor.

71. Essais de morale et de politique (par M. Molé).
Paris, 1806, in-8, d.-rel. bas.

72. Essai sur les factions, par L.-H.-Jules Mares-
chal. *Paris*, 1822, in-8, v. gr.

Hommage de l'auteur à M. de Beauchesne.

73. Recherches sur les causes qui ont empêché les
Français de devenir libres..., par M. Mounier.
Genève, 1792, 2 tomes en un vol. in-8, d.-rel. v.

74. Recherches politiques et historiques qui prou-
vent l'existence d'une secte révolutionnaire, par
le chevalier Malet. 1817, in-8, cart., n. rogn.

75. La Pierre de touche politique sur les différents
intérêts de la France. *De l'imprimerie du Salon
national*, 1790, in-18, d.-rel. v.

76. L'Europe tourmentée par la Révolution en
France, ébranlée par dix-huit années de promena-
des meurtrières de Napoléon Buonaparte. Décembre 1815, 2 vol. in-12, portr., d.-rel. v. f.

77. Anecdotes du règne de Louis XVI. *Paris*, 1776,
in-12, rel. v. gr., fil.

78. Anecdotes du règne de Louis XVI. *Paris*, 1791,
6 vol. in-12, rel. v. ant., fil.

79. Le Règne du prince trop bon dans le royaume des fols. *S. d.*, in-8, d.-rel. v.

80. Histoire de France depuis la fin du règne de Louis XVI jusqu'à 1825, par l'abbé de Montgaillard. *Paris*, 1834, 10 vol. in-8, d.-rel. mar., fig.

> Exemplaire avec une notice biographique sur Montgaillard par M. de Beauchesne.

81. Considérations sur les principaux événements de la Révolution française, par Mme de Staël. *Paris*, 1818, 3 vol. in-8, v. rac., fil.

82. Considérations sur la Révolution française, par J.-H. Fichte, traduit de l'allemand par Jules Barni. *Paris*, 1859, in-8, dem.-rel. chagr.

83. Histoire philosophique de la Révolution de France, par Desodoards. *Paris*, 1817, 12 vol. in-8 rel. en 3, dem.-v. v.

84. Histoire de la Révolution de France pendant les dernières années du règne de Louis XVI, par A.-F. Bertrand de Moleville. *Paris*, an IX (1801), 10 vol. rel. en 5, in-8, rel. v. fauv.

85. Essai sur l'histoire de la Révolution française, par une société d'auteurs latins. *Romæ, prope Cæsaris hortos*, 1803, in-8, dem.-rel. maroq. v.

86. Histoire de la Révolution de 1789, par deux amis de la liberté. *Paris*, 1790, 7 vol. in-8, rel. v.

87. Histoire de la Révolution de France, par deux amis de la liberté. *Paris*, 1792, 19 vol. in-18, dem.-rel. maroq. roug.

88. Essai historique sur les causes et les effets de la Révolution de France, par Beaulieu. *Paris*, an IX (1801), an XI (1803), 6 vol. in-8 rel. en 3, dem.-v. v

89. De la Révolution française, par M. Necker. 1796, 4 vol. in-8, v. ant., fil.

Très-bel exemplaire.

90. Histoire de France depuis la Révolution de 1789, écrite d'après les mémoires et manuscrits contemporains, par Toulongeon. *Paris*, 1801, 7 vol. in-8, v. marb., fil.

91. Histoire de la Révolution française, par Poujoulat. *Tours*, 1848, 2 vol. in-8, d.-rel. mar. r.

92. Histoire de la Révolution française. *Limoges*, 1837, in-12, dem.-rel. v. — Tableau historique de la Révolution de France (par Bidault). 1804, in-18, dem.-rel. — Ens. 2 vol.

94. Précis historique de la Révolution : Assemblée législative, Convention, Directoire, par Lacretelle. *Paris, Didot*, 1806, 5 vol. in-18, fig., rel. v. rac.

95. Histoire de la Révolution, de 1747 à 1793, par Delandine de Saint-Esprit. — Histoire de la Terreur. — Histoire du Consulat de Bonaparte, par le même. *Paris*, 1843. — 3 vol. in-12, d.-rel. mar. r.

96. Histoire de la Révolution française (1789-1796), par Villaumé. *Paris*, 1851, gr. in-8, fig., dem.-rel. v.

97. Histoire générale des crimes commis pendant la Révolution française, par Prudhomme. *Paris*, an V, 6 vol. in-8, d.-rel., dos et coins mar. r., dor. en tête, n. rog., fig.

98. Abrégé chronologique de la Révolution de France, par Fantin Desodoards. 1802, 3 vol. in-12, v., fil., tr. dor.

99. Histoire monarchique et constitutionnelle de

la Révolution française, par E. Labaume. *Paris*, 1834, 2 vol. in-8, cart.

100. Tableau historique et politique des pertes que la Révolution et la guerre ont causées au peuple français, par sir Francis d'Ivernois. *Londres*, mars 1799, 2 vol. in-8, dem.-rel. v. ant.

102. Tableau historique des pertes que la Révolution et la guerre ont causées au peuple français, par Fr. d'Ivernois. *Londres*, 1799, 2 tom. en 1 vol. in-8, d.-rel. v. f.

103. Esquisses historiques sur la Révolution française, par Dulaure. *Paris*, 1825, 5 vol. in-8, fig., d.-rel.

104. Etudes historiques sur la Révolution française de 1789, par un étranger. *Paris, Didot,* 1857, 3 vol. in-8, dem.-rel. v. fauve.

105. Anecdotes relatives à quelques personnes et plusieurs événements remarquables de la Révolution, par Harman de la Meuse. *Paris*, 1820, 2ᵉ édit., in-8, d.-rel.

106. Le Spectateur français pendant le gouvernement révolutionnaire, par le citoyen Delacroix. *Paris, Buisson*, an III, in-8, cart., n. rogn.

107. Journées mémorables de la Révolution française. *Paris*, 1826, 11 part. en 5 vol. in-18, d.-rel. mar. r., n. rog.

108. Histoire-Musée de la République française, par Augustin Challamel. *Paris, Bellay, s. d.,* 2 vol. gr. in-8, fig., dem.-rel. maroq. v., tr. sup. dor., n. rogn.

109. Les Français sous la Révolution, par MM. Augustin Challamel et Wilhem Tenint. *Paris, s. d.,* fig., gr. in-8, dem.-rel. chagr.

110. Mémorial ou journal historique impartial et anecdotique de la Révolution de France, par Lecomte. An IX (1801), 2 vol. in-18, dem.-rel. v. bl.

111. Les Fastes de l'anarchie, ou Précis chronologique des événements mémorables de la Révolution française (de 1789 à 1804), par le comte Achille de Jouffroy. *Paris*, 1820, 2 vol. in-8, cart., n. rogn.

112. Galerie historique de la Révolution française (1787 à 1799), par Albert Maurin. 5 vol. gr. in-8, dem.-rel. v., env. 100 portr. en pied.

113. Fastes de la République française. *Paris*, 1793, 2 vol. in-8, *gr. pap. vélin*, rel. maroq. roug.. fil., dent., tr. dor. (*Petit.*)

Figures de Monnet. Bonnes épreuves.

114. Répertoire ou Almanach historique de la Révolution française. 1798, 5 vol. in-12, d.-rel.

115. Evénements qui se sont passés sous mes yeux pendant la Révolution française, par A.-H. Dampmartin. *Berlin*, 1799, 2 vol. in-8 rel. en un, demi-bas.

116. Les Véritables Auteurs de la Révolution de France de 1789. *Neufchâtel*, 1797, in-8, v. rac.

117. Révolution de Paris, par Prudhomme, du 17 juillet 1789 au 28 juillet 1794. 225 numéros, 17 vol. in-8, d.-rel. v., fig. (*Complet.*)

118. Le Château des Tuileries, ou récit de ce qui s'est passé dans l'intérieur de ce palais, jusqu'au 18 brumaire de l'an XIII. *Paris*, 1802, 2 vol. in-8, cart., fig.

119. Paris pendant le cours de la Révolution, avant

et après la Restauration, mémorial.... par Léopold, avocat. *Paris*, 1816, 2 vol. in-12, rel. v. gr.

120. Macédoine révolutionnaire, par J. V***. *Paris*, 1815, in-8, d.-rel. chagr., n. rogn.

121. Deux Lettres de M. le comte D. C. de Cardo et Nonza, Olmeta, etc., seigneur corse, sur la Révolut. de France. 1790, in-12, d.-rel. v. v.

122. Correspondance originale des émigrés, ou les Émigrés peints par eux-mêmes. *Paris*, 1793, in-8, 2 part. en 1 vol., demi-rel. mar. La Vall.

> Portrait de Louis XVII, en armure, d'après l'original trouvé sur le corps d'un « chevalier du poignard ».

123. Histoire secrète de Coblentz, attribuée à M. de Rivarol (par Montgaillard). *Londres*, 1795, in-8, demi-rel. bas.

124. Mémoires pour servir à l'histoire des événements de la fin du xviii* siècle, par l'abbé Georgel. *Paris*, 1817, 6 vol. in-8, demi-rel. v. (*Figure du collier de la reine, color.*)

125. Mémoires de l'abbé Morellet sur le xviii* siècle et sur la Révolution. *Paris, Ladvocat*, 1821, 2 vol. in-8, portr., cart., non rogn.

126. Mémoires historiques et politiques de Soulavie. An X (1801), 6 vol. in-8, portr., demi-rel. v. — Les Illustres Victimes vengées des injustices, et Réfutation des paradoxes de M. Soulavie. *Paris*, 1802, in-8, v. rac. — Ens. 7 vol.

127. Mémoires historiques de Stéphanie-Louise de Bourbon-Conti, écrits par elle-même. *Paris*, floréal an VI, 2 vol. in-8 rel. en un, demi-mar. v.

128. Mémoires sur la Révolution, par Buzot. *Paris*, 1823, in-8, cart.

129. Mémoires sur la Révolution, ou Exposé de ma conduite dans les affaires et dans les fonctions publiques, par Garat. *Paris*, an III, in-8, cart., non rogn.

> Annoté au crayon, en marge, par Aimé-Martin.

130. Mémoires de B. Barère, publiés par MM. Hippolyte Carnot et David (d'Angers). *Paris, Jules Labitte*, 1842, 4 vol. in-8, demi-rel. v.

131. Mémoires d'un prêtre régicide (Martin). *Paris*, 1829, 2 in-8, cart., non rogn.

132. Mémoires secrets de G.-M. de Montgaillard, par J.-G.-M. Rocques de Montgaillard. *Paris*, an XIII, in-8, demi-rel. bas.

133. Mémoires de Brissot sur ses contemporains et la Révolution française. *Paris*, 1830, 2 vol. in-8, demi-rel. v. f.

134. Mémoires d'un contemporain que la Révolution fit orphelin en 1793, qu'elle raya du nombre des vivants en 1795. *Paris*, 1846, in-8, rel. bas.

> C'est un mémoire rédigé par un faux dauphin.

135. Mémoires de Condorcet sur la Révolution française. *Paris*, 1824, 2 vol. in-8, v. pap., fil., dent.

> Bel exemplaire, avec une pièce de vers fort curieuse sur la mort tragique de Condorcet à Bourg-la-Reine.

136. Mémoires sur la Révolution française, par le marquis de Bouillé. *Londres*, 1797, 2 tomes en un vol. in-8, cart., non rogn.

> Ce volume est enrichi d'un dizain autographe de M. A. de Beauchesne sur le marquis de Bouillé.

137. Mémoires sur la Révolution française, par le

marquis de Bouillé. *Londres*, 1797, 2 vol. in-8 rel. en un, demi-bas.

Edition originale.

138. Mémoires d'un témoin de la Révolution, ou Journal des faits qui se sont passés sous mes yeux, etc., par J.-S. Bailly. 1804, 3 vol. — Mémoires du baron de Besenval. 1805, 3 vol. — Ens. 6 vol. in-8, demi-rel. bas.

139. Mémoires anecdotiques pour servir à l'histoire de la Révolution française, par Lombard de Langres. *Paris, Ladvocat*, 1823, 2 vol. in-8, demi-rel. mar.

Sur la garde, trois feuillets autographes de M. de Beauchesne.

140. Souvenirs du comte Mathieu Dumas, de 1770 à 1836, publiés par son fils. *Paris*, 1839, 3 vol. in-8, demi-rel. v.

141. Mémoires secrets de J.-M. Augeard, secrétaire des commandements de la reine Marie-Antoinette (1760-1800), publiés par Evariste Bavoux. *Paris, Plon*, 1866, in-8, rel., dos et coins mar. br., non rogn.

142. Mémoires de la baronne d'Oberkirch, publiés par le comte de Montbrison, son petit-fils. *Paris, Charpentier*, 1853, 2 vol. in-12, demi-rel. mar., non rogn.

143. Mémoires de R. Levasseur (de la Sarthe). *Paris, Rapilly*, 1829, 4 vol. in-8 rel. en 2, v., port.

Longue note biographique de M. de Beauchesne, en tête de cet exemplaire.

144. Mémoires sur la Convention et le Directoire, par A.-C. Thibeaudeau. *Paris*, 1824, 2 vol. in-8, rel., dos et coins v. ant.

145. Mémoires sur le prince Le Brun, par M. Marie du Mesnil. *Paris*, 1828, in-8, demi-rel. mar. roug. (*Portr. grav. par Bonneville ajouté.*)

146. Mémoires du général J.-D. Freytag. *Paris*, 1824, 2 vol. in-8 en un, demi-rel. v. fauv. (*Note autographe signée par M. de Beauchesne.*)

147. Correspondance d'un habitant de Paris avec ses amis de Suisse et d'Angleterre sur les événements de 1789-1790. *Paris*, 1791, in-8, bas.

> On lit sur le titre cette note manuscrite : « Livre à comparer à la nouvelle édition publiée en 1815 sous le titre de : Tableau historique de la Révolution. »

148. Mémoires politiques et militaires du général Doppet. *Carouge*, an V (1797), in-8, demi-rel. bas.

> Edition originale.

149. Correspondance entre le comte de Mirabeau et le comte de La Marck, recueillie par M. Ad. de Bacourt. *Paris*, 1851, 3 vol. in-8, cart.

150. Un Provincial à Paris pendant une partie de l'année 1789. *Strasbourg, s. d.*, in-12, cart., non rogn.

151. Histoire des Girondins, par Lamartine. 1865-1866. 3 vol. gr. in-8, fig.,demi-rel. mar. La Vall.

152. Souvenirs de la Terreur, de 1788 à 1793, par M. Georges Duval. 1841-1842, 4 vol. — Souvenirs thermidoriens, par Georges Duval. 1844, 2 vol. — Ens. 6 vol. in-8, demi-rel. v. vert.

> Le tome Ier des *Souvenirs thermidoriens* contient, sur la garde, une note élogieuse de M. de Montmerqué et une épigramme de M. de Beauchesne qui répond à cette note. Ces deux pièces sont de la main des auteurs.

153. Histoire de la Terreur (1792-1794), par M. Mortimer-Ternaux. *Paris, Michel Lévy,*

1862 et suiv., 8 vol., rel., dos et coins mar. r.,
tr. sup. dor., non rogn.

Au tome Ier, hommage de l'auteur à M. de Beauchesne.

154. Histoire des Jacobins en France, ou Examen
des principes anarchiques et désorganisateurs de
la Révolution française. *Hambourg*, 1795, 2 vol.
in-12, cart., non rogn.

155. Histoire des Jacobins en France, examen des
principes anarchiques et désorganisateurs de la
Révolution, suivi d'une notice historique sur
Louis XVI, Marie-Antoinette et Madame Élisabeth. *Hambourg*, 1795, 2 vol. in-12. demi-rel.
mar. r.

156. Réfutation des faux principes et des calomnies avancées par les Jacobins. *Lyon*, 1816, in-8,
demi-rel. mar. r. — Histoire des Jacobins, depuis
1789 jusqu'à nos jours (attribuée à Charles No-
dier). 1820, in-8, demi-rel.

157. Considération nationale, récit circonstancié
de ce qui s'est passé à Paris le 14 juillet 1790.
Paris, an II, in-8, demi-rel. mar. bl., 5 fig.

158. Les Forfaits du 6 octobre, ou Examen appro-
fondi du rapport de la procédure du Châtelet sur
les faits des 5 et 6 octobre 1789. 1790, 2 vol.
in-8, demi-rel. v. fauv. (*Closs.*)

Vers autographes signés de M. de Beauchesne sur la garde.

159. La France sous le règne de la Convention, par
de Conny. *Paris*, 1820, in-8, pap. vél., mar. v.,
dent., fil., tr. dor.

Exemplaire aux armes de la duchesse de Berry, avec une pièce
de vers autographe signée de M. de Beauchesne.

160. Principaux Événements de la Révolution, et
notamment de la semaine mémorable. *Paris*,

an II, in-8, cart., non rogn. (*Douze jolies fig.
grav.*)

161. Dernier Tableau de Paris, ou Récit historique
de la révolution du 10 août 1792, par J. Peltier,
de Paris. *Londres*, 1794, 2 vol. in-8, portr., rel.
v. rac.

162. La Journée du 10 août 1792, avec des réflexions, par Regnaud. *Paris*, 1795, 2 tomes en
un vol. in-8, demi-rel. mar. r.

163. Histoire de la révolution du 10 aoust 1792,
par M. Peltier. *A Londres*, 1795, 2 vol. in-8,
demi-rel. mar.

> Trente vers autographes signés de M. de Beauchesne, relatifs
> à Peltier, enrichissent le tome Ier de cet exemplaire.

164. Rapport fait à la Convention sur l'assassinat
de Collot-d'Herbois, par Barère. An II. — Rapport du même sur l'héroïsme des républicains
montant *le Vengeur*. 1 vol. in-32, dem.-rel., dos
et coins mar. r., non rogn.

165. Histoire particulière des événements qui ont
eu lieu en France pendant les mois de juin, juillet, août et septembre 1792, par Maton de La Varenne. *Paris*, 1806, in-8, demi-rel. bas.

166. Mon Agonie de trente-huit heures, ou Récit
de ce qui s'est passé du 22 août au 4 septembre
1792, par Jourgnac Saint-Méard. 1792, in-8, br.

> Première édition.

167. Journées de septembre 1792. 4 vol. in-8, br.

> Le Fléau des tyrans et des septembriseurs, ou Réflexions sur
> la Révolution française. *Lausanne*, 1797. — La Vérité tout en-
> tière sur les vrais auteurs de la journée du 2 septembre 1792. —
> Les Travailleurs de septembre 1792, par le comte H. de Vieil-
> castel. 1862. — Stanislas Maillard, par Alexandre Sorel. 1862.

168. Histoire particulière des événements qui ont

eu lieu en France pendant les mois de juin, juillet, août et septembre 1792, par Maton de La Varenne. *Paris*, 1806, demi-rel. v. fauv.

169. Les Septembriseurs, scènes historiques. *Paris*, 1829, in-8, demi-rel. bas.

170. La Démagogie en 1793 à Paris, par Dauban. *Paris, Plon*, 1868, gr. in-8, fig., rel., dos et coins mar. r., non rogn.

171. Mémoires de Jean-Baptiste Louvet sur la journée du 31 mai et sur ses périls. *Paris*, 1821, 2 tomes en un vol. in-18, demi-rel. v. fauv., dos et coins.

172. Consolations de ma captivité, ou Correspondance de Roucher. *Paris*, 1797, 2 vol. in-8, demi-rel., portr.

173. Chroniques des cinquante jours, du 20 juin au 10 août 1792, par Rœderer. *Paris*, 1832, in-8, bas.

174. Journal de l'anarchie et de la terreur (par le général Judée). *Paris*, 1821, 3 vol. in-18, demi-rel. v.

175. Les Brigands démasqués, ou Mémoires pour servir à l'histoire du temps présent, par Auguste Danican. *A Londres*, 1796, in-8, br., portr.

176. Les Brigands démasqués... par Auguste Danican. *Londres*, 1796, in-8, cart., n. rogn.

177. Lettres sur les événements qui se sont passés en France, depuis le 31 mai 1793 jusqu'au 10 thermidor, par Hélène-Marie Williams. *Paris* (*s. d.*), in-12, d.-rel. v. fauv.

178. Quelques notices pour l'histoire et le récit de mes périls depuis le 31 mai 1793, par J.-B. Louvet. *Paris*, an III, in-8, dem.-rel. chagr.

179. Lettres politiques, religieuses et historiques, par Cauchois-Lemaire. *Paris*, 1828, 2 vol. in-8, dem.-rel. v. fauv.

Hommage de l'auteur à M. de Beauchesne.

180. Cassandre, ou Quelques Réflexions sur la Révolution française. *Au Caire*, juillet 1798, fig., in-8, br., n. rogn.

181. Le Voyageur sentimental en France sous Robespierre, par Vernes, de Genève. *Genève*, an VII, 2 vol. in-12, fig., dem.-rel. v. fauv.

Pièce lyrique de M. de Beauchesne en tête de ce livre.

182. Souvenirs thermidoriens, par Georges Duval. *Paris*, 1844, 2 vol. rel. en un, in-8, dem.-rel. v. ant.

183. Les chemises rouges, ou Mémoires pour servir à l'histoire du règne des anarchistes. *Paris*, an VII, 2 vol. in-12, vign. et titres gravés, rel. en un vol., dem.-rel., dos et coins v. fauve, n. rogn. (*Purgold*.)

184. La Peste rouge, ou les Saturnales révolutionnaires, par Romuble. 1851.—La Terreur blanche, par Albert Maurin. 1850.— Ens. 1 vol. in-12, mar. r., tr. dor., fil.

Exemplaire aux armes de M. de Beauchesne.

185. Les Crimes des sept membres des anciens Comités de salut public, dénonciation à la Convention, par L. Lecointre. An III, in-8, cart., n. rog.

186. Georges d'Heilly. Extraction des cercueils royaux à Saint-Denis en 1793. *Paris*, 1868, in-12, rel. maroq. roug., fil., dent., tr. dor. (*Armes de France. — Petit*.)

187. Les Tombeaux de Saint-Denis, ou Description historique de cette abbaye... suiv. du récit de la

violation des tombeaux en 1793, par J. A. *Paris*, 1825, in-18, fig., dem.-rel. v.

188. Sieyès, Camille Desmoulins, etc. 5 p. in-8.

> Préliminaires de la Constitution, par l'abbé Sieyès. 1789. — Vues sur les moyens d'exécution dont les représentants de la France pourront disposer en 1789. — Lettres de Camille Desmoulins au général Dillon. 1793.—Recueil des actions héroïques et civiques des républicains français, de 1789 à l'an II. — Etc., etc.

189. Les Chemises rouges, ou Mémoires pour servir à l'histoire de l'anarchie. *Paris*, an VII, 2 vol. in-12, dem.-rel. mar., n. rog.

> Titres imprimés en rouge.

190. Mémoires d'un détenu, pour servir à l'histoire de la tyrannie de Robespierre, par Riouffe. An III, in-12, dem.-rel. v.

191. Mémoires d'un détenu pour servir à l'histoire de la tyrannie de Robespierre (par Riouffe). *Paris*, an III, pap. de Hollande, in-8, rel. v. rac.

192. Histoire de la conjuration de Maximilien Robespierre. *Paris, s. d.*— La Mort de Robespierre, tragédie en trois actes et en vers, par ***. *Paris*, 9 thermidor an IX (1801). — Ens. 2 vol. rel. en un, dem.-maroq. roug.

193. Histoire de la conjuration de Maximilien Robespierre, par Montjoye, nouv. édit. *Paris*, an IV (1796), in-8, dem-rel. v., n. rogn.

> Note de la main de M. de Beauchesne sur Montjoye.

194. Les Crimes de Robespierre et de ses principaux complices. *Paris*, an V (1797), 3 vol. in-18 rel. en un, v. fauv., fil., dent, tr. dor.. (*Petit*.)

> Vers autographes signés de M. de Beauchesne; les portraits sont coloriés; celui de Robespierre est remonté.

195. Histoire de la conjuration de Maximilien

Robespierre. *Paris*, an IV (1796), in-8, dem.-
rel. maroq., n. rogn.

196. Causes secrètes de la Révolution du 9 au 10
thermidor, par Vilate. *Paris*, an III.— Continuation des Causes secrètes, par le même. An III. —
Les Mystères de la Mère de Dieu dévoilés, troisième vol. des Causes secrètes, par le même. —
Ens. 3 vol. rel. en un, dem.-maroq. roug.

197. Causes secrètes de la Révolution du 9 thermi-
dor. — Continuation des Causes secrètes. — Les
Mystères de la Mère de Dieu dévoilés, par Vilate.
An III, in-8, cart., n. rog.

198. Rapport fait au nom des Comités de salut public et de sûreté générale sur les événements du
9 thermidor an III, par E.-B. Courtois. *Paris*,
Imprimerie nationale, an IV, dem.-rel. bas.

199. Rapport fait au nom de la commission chargée
de l'examen des papiers trouvés chez Robespierre,
par E.-B. Courtois. *Paris*, an III, in-8, dem-rel. v.

200. Rapport fait au nom des Comités de salut publique et de sûreté générale sur les événements du
9 thermidor an II, par E.-B. Courtois, député de
l'Aube. *Paris*, *Imp. nationale*, floréal an IV,
in-8, cart., n. rog.

Note autographe de M. de Beauchesne sur la garde.

201. Rapport fait au nom de la commission chargée d'examiner les papiers trouvés chez Robespierre, par Courtois. *Paris*, an III, 1 vol. in-8,
d.-rel.

Avec une note autographe sur Courtois, par M. de Beauchesne.

202. Manuscrit de l'an III, par le baron Fain. *Paris*, 1828, in-8, dem.-rel. v.

203. Histoire du 18 fructidor, par le chevalier de Larue. *Paris*, 1821, 2 part. en 1 vol. in-8, rel. v. gr., fil., tr. dor.

204. Histoire du 18 fructidor, par le chevalier de Larue. *Paris*, 1821, 2 vol. in-8, dem.-rel. v. ant.

205. 18 fructidor, sept pièces ou volumes, brochées, dont : Déportation et Naufrage de Aymé.—Journal de l'adjudant Ramel, portr. 1799. — Camille Jordan sur la journée du 18 fructidor. — Rapport de Bailleul sur la conjuration du 18 fructidor, etc. In-8, br.

206. Correspondance sur les affaires du temps. *Paris*, an VI, 3 part. en 1 vol., bas.

207. Journal d'un déporté non jugé, ou Déportation, en violation des lois, décrétée le 18 fructidor an V, par Barbé-Marbois. *Paris*, 1834, 2 vol. in-8.

> *Ex dono auctoris* signé M. — Notice autographe par M. de Beauchesne.

208. Mémoires de Louis-Jérôme Gohier, président du Directoire au 18 brumaire. *Paris*, 1824, 2 vol. in-8, dem.-rel. v. fauv.

209. Mémoires et Correspondance de Mallet du Pan, par Sayous. *Paris*, 1851, 3 vol. in-8 rel. en un, dem.-maroq.

210. Journal d'un déporté, par Barbé-Marbois. *Paris, Didot,* 1834, 2 vol. in-8 rel. en un, dem.-v.

211. Histoire du Directoire exécutif de la République française. *Paris*, an IX (1801), 2 vol. in-8, rel. bas.

212. Mémoire historique sur la réaction royale et sur les malheurs du Midi, par le citoyen Fréron. An IV, in-8, cart., non rogn.

> Édition originale. Le titre porte *première partie*, mais il n'en a

jamais paru d'autre. M. de Beauchesne a ajouté à son exemplaire un commentaire de 3 pages entièrement de sa main.

213. Mémoires historiques et diplomatiques de Barthélemy, depuis le 5 juillet jusqu'au 30 prairial an VII. *S. d.*, in-8, dem.-rel. maroq. roug., fil.

214. De l'Etat de la France à la fin de l'an VIII, par de Hauterive. *Paris*, brumaire an IX, in-8, cart., n. rogn.

215. Lettres de L.-B. Lauraguais à madame..... *Paris*, an X (1802), dem.-rel. bas.

216. Voyage à Cayenne et chez les anthropophages, par Pitou 1807, 2 vol. in-8, fig., cart.

217. Recueil de douze pièces sur la Révolution française, par l'abbé Morellet, dont : le Cri des familles, — la Cause des pères, avec supplément, — Appel à l'opinion publique, etc. 1 vol. in-8, rel. en v. gr.

218. Révélations puisées dans les cartons des Comités du salut public et de sûreté générale, ou Mémoires de Senart, publiés par Dumesnil. *Paris*, 1824, in-8, v. rac.

Note autographe de 3 pages de M. de Beauchesne sur Senart.

219. Exposé des travaux de l'Assemblée générale des représentants de la Commune de Paris. *Paris*, 1790, in-8, dem.-rel.

Note autographe signée de M. de Montmerqué sur le livre.

220. Histoire de Bonaparte, premier consul, depuis sa naissance jusqu'à la paix de Lunéville. *Paris*, an X (1802), 2 vol. in-12, rel., dos et coins maroq. bl., portr.

221. Tableau historique et raisonné des guerres de Napoléon Buonaparte, par Michaud de Villette. *Paris*, 1814, in-8, cart. (*Poëme inédit, anc. sign.*

de M. de Beauchesne.) — Moreau et sa Dernière Campagne. *Paris*, 1804, cart., n. rogn. — Ens. 2 vol. in-8.

222. Mémoires sur le Consulat (1799 à 1804), par un ancien conseiller d'Etat. *Paris*, 1827, in-8, dem.-rel. maroq. roug.

223. Recueil des pièces relatives à la procédure et au jugement de Soleyman el Hhaleby, assassin du général Kléber. *Au Kaire*, an VIII, in-4, cart., n. rogn.

> Portraits de Kléber et de Soleyman, ajoutés.

224. Papiers saisis à Bareuth et à Mende, publiés par ordre du gouvernement. *Paris*, ventôse an X, dem.-rel. — Histoire de la double conspiration de 1800, par Fiscourt. *Paris*, 1819, carte, cart., n. rogn. — Ens. 2 vol. in-8.

225. Histoire du Tribunal secret, par Jean-Nicolas de Bock. *Metz*, an IX (1801), in-12, dem.-rel. v. fauv.

§ 2. — BIOGRAPHIE.

A. — *Louis XVI, Marie-Antoinette, Louis XVII, Madame Elisabeth et les princes de la maison de Bourbon.*

226. Mémoires relatifs à la famille royale, d'après le journal de la princesse de Lamballe. *Paris*, 1826, 2 vol. in-8, fig., rel., dos et coins maroq. roug.

227. Mémoires relatifs à la famille royale de France pendant la Révolution, publiés d'après le journal, les lettres et les entretiens de la princesse de

Lamballe. *Paris,* 1826, 2 vol. in-8, dem.-rel.
v. fauv., portr.

228. Description du chiffre généalogique contenant
les degrés de consanguinité entre Mgr le Dauphin
et Mme la Dauphine. *Paris,* 1770, in-4, 6 p., br.

> A la suite, 4 vignettes allégoriques de Gravelot et autres sur
> le mariage du Dauphin et de Marie-Antoinette.

229. Les Tuileries, le Temple, le Tribunal révolutionnaire et la Conciergerie, par un ami du trône.
Paris, 1814, in-8, dem.-rel. maroq., n. rogn.

230. Les Prisonniers du Temple, par J.-J. Regnault-
Warin. *Paris,* an IX (1800), 3 vol. in-12 rel.
en 1, dem.-chagr., non rogn., 3 fig.

> Les figures sont avant la lettre.

231. Les Augustes Victimes du Temple, par
Mme Guénard, baronne de Mérée. *Paris,* 1818,
3 vol. in-12, fig. et fac.-sim., rel. maroq. v., fil.,
dent. (*Armes de la duchesse de Berry.*)

> Exemplaire de la bibliothèque de Rosny.

232. Exposé de la conduite de Perlet relativement
à l'auguste famille des Bourbons, depuis 1789
jusqu'à ce jour. *Paris,* 1816, in-8, v. gr., fil.

233. Récit des événements arrivés au Temple depuis le 13 août 1792 jusqu'à la mort du dauphin
Louis XVII, par la duchesse d'Angoulême. *Paris,* 1823, papier vélin.— L'Orpheline du Temple,
élégie par M. de Treneuil. 1814. — Mémoire
adressé à la nation pour M.-T.-Charlotte de Bourbon, fille de Louis XVI. *Paris,* 1795. — Ens.
3 p. en 1 vol. in-8, dem.-rel. maroq., n. rogn.

> Portrait et quatrain autographe signé de M. de Beauchesne,
> ajoutés.

234. Choix d'anecdotes anciennes et modernes...,
particulièrement de ce qui est relatif à la mort de

Louis XVI et de sa famille. An XI (1804), 5 vol. in-18, rel., dos et coins maroq. bl., n. rogn.

235. Les Otages de Louis XVI et de sa famille. *Paris, Pillet,* 1814, in-8, dem.-rel. maroq. bl., n. rogn.

236. Les Bourbons martyrs, ou les Augustes Victimes. *Paris,* 1821, in-8, dem.-rel. maroq. bl.

237. Vie de Louis XVI..., par M.... *Londres,* 1790, in-18, portr. et fig., rel. v. fauv., fil., dent., tr. dor.

238. Fac-simile du testament de Louis XVI..., grav. par Piquet, et Notice sur le testament de la reine, par Audot. *Paris,* 116 (1816). — Supplément à la Notice historique sur le testament de la reine. *Paris, Audot,* 1817, fig. en coul. — Ens. 1 vol. in-4, rel. maroq. n., semis de fleurs de lis, tr. dor.

239. Vie de Louis XVI, roi de France, par Gassier. 1814, portr. — Marie-Antoinette d'Autriche, reine de France, par L. de Saint-Hugues. 1815, portr. — Vie de Madame Elisabeth de France. 1814, portr. — Ens. 3 vol. in-18, rel. maroq. bl., dent., tr. dor.

« Au lecteur », pièce de vers de M. de Beauchesne autographe signée. — Portrait ajouté.

240. Vie de Louis XVI. *S. d.* (1793), in-18, nomb. fig., rel. maroq. pl. bl., dent., tr. dor.

241. Louis XVI, par le vicomte de Falloux. *Paris,* 1840, gr. in-8, dem.-rel. maroq. r., n. rogn.

242. Examen impartial de la vie privée et publique de Louis XVI. *Hambourg,* 1797, portr., in-8, rel. v. fauv., fil. (*Armes de France.*)

243. Le Sacre et le Couronnement de Louis XVI,

roi de France et de Navare. *A Paris*, 1775, in-8, cart., n. rogn.

Vignettes et fleurons gravés par Pattas.

244. Voyage de Louis XVI dans sa province de Normandie. *Paris*, 1824, in-8, dem.-rel. v. ant., n. rogn.

245. Histoire du départ du roi... avec le recueil des pièces justificatives...*Paris*, 1791, in-8, rel. v. gr.

246. Relation fidèle de la fuite du roi Louis XVI à Varennes, par Eug. Bimbenet. *Paris*, 1844, in-8, dem.-rel. v. fauv.

247. Relation du voyage de S. M. Louis XVI, lors de son arrestation à Varennes, par M. le comte de Moustier. 1815, in-8, dem.-rel. maroq. n., non rogn. (*Très-rare.*)

248. La Vérité sur la fuite et l'arrestation de Louis XVI à Varennes, d'après des documents inédits, par Ancelon. *Paris, Dentu*, 1866, in-8, dem.-rel., dos et coins maroq. roug., tr. sup. dor., n. rogn. (*Photographies et fac-simile.*)

249. Histoire de l'événement de Varennes au 21 juin 1791, par de Sèze. *Paris*, 1843, in-8, cart., n. rog.

250. Mémoire de M. le baron de Goguelat, lieutenant général, sur les événements relatifs au voyage de Varennes, etc. *Paris, Baudouin*, 1823, in-8, fig., dem.-rel. v.

251. Procès de Louis XVI, etc. 28 p. en 3 vol. in-8, dem.-rel. maroq.

Dénonciation des prévarications commises dans le procès de Louis XVI, par Bertrand de Moleville. *Londres*, 1793. — Louis XVI dévoilé. *S. d.* — Adresse de plusieurs citoyens français sur le procès de Louis XVI. 1792. — Plaidoyer pour Louis XVI, par Lally Tolendal. 1793. — La France vengée. — Le Passé, le

Présent et l'Avenir, ou Louis XVI et Lepelletier devant Dieu. — Mémoire justificatif pour Louis XVI, par A.-J. du Cœur. — Etc., etc.

252. **Louis XVI.** Environ 95 pièces historiques, pour et contre, polémique, pamphlets violents, etc., br., n. rog.

> Un grand nombre de ces pièces mériteraient d'être citées ; mais le cadre de ce catalogue ne le permet pas.

253. **Louis XVI.** 5 vol. rel. en 4, dem.-maroq., n. rogn.

> Mémoire justificatif pour Louis **XVI** (par Jeudi Dugour). 1793. — Mémoire justificatif de Louis **XVI**, par Léopold. 1814. — Eloge historique et funèbre de Louis **XVI**. 1796. — Le Réveil de Louis **XVI**, ou les Matinées secrètes des Tuileries. 1792.

254. La Perfidie de Louis XVI dévoilée par lui-même, et la France sauvée par l'Assemblée nationale. — Discours sur le jugement de Louis le dernier. — Le Dernier Cri du peuple à ses représentants. La mort du tyran, ou c'est fait de nous. — Dialogue entre Charles premier et Louis le dernier. — La Vengeance nationale et les adieux de Louis Capet à sa famille. — Ens. 5 p. in-8, dem.-rel. maroq. roug.

255. Dernières Années du règne et de la vie de Louis XVI, par François Hue. *Paris, Impr. roy.*, 1816, in-8, dem.-rel. v., n. rogn., portr.

256. Dernières Années du règne et de la vie de Louis XVI, par François Hue. *Paris*, 1816, in-8, v. gr., portr.

257. Journal de ce qui s'est passé à la tour du Temple pendant la captivité de Louis XVI, roi de France, par M. Cléry. 1798, *édit. originale*, rel. maroq. n., fil., doubl. de tabis, tr. dor., fig.

> Cet exemplaire appartenait à Gomin, dernier gardien de Louis XVII au Temple. C'est de Gomin que le tenait M. de Beauchesne, comme l'indique une mention autographe de ces deux possesseurs.

258. Mémoires de M. Cléry, valet de chambre de
Louis XVI, ou journal de ce qui s'est passé dans
la tour du Temple. *A Londres,* 1800, in-18, fig.,
rel. v. rac., fil.

259. Notice sur Hanet Cléry, dernier serviteur de
Louis XVI. *Paris,* 1825, pap. vél. — Journal de
ce qui s'est passé à la tour du Temple, par
M. Cléry, valet de chambre du roi. *Londres,*
1798, fig. (*Edit. originale.*) — Mémoires de
M. Cléry, ou journal de ce qui s'est passé dans la
tour du Temple. *Londres,* 1800. — Ens. 3 vol.
in-8 rel. en 1, dem.-maroq. bl., n. rogn.

260. Mémoire de l'abbé Edgeworth de Firmont,
dernier confesseur de Louis XVI. *Paris,* 1815. —
Lettres de l'abbé Edgeworth à ses amis. *Paris,*
1818. — Ens. 2 vol. in-12 ou in-8, d.-rel. maroq.

261. Mémoires particuliers formant, avec l'ouvrage
de Hue et le journal de Cléry, l'histoire complète de la captivité de la famille royale au
Temple. *Paris,* 1817, in-8, fig., d.-rel. chagr. n.,
n. rogn.

262. Passion de Louis XVI. 3 p. en 1 vol. in-8.
dem.-rel. maroq. roug., n. rogn. (*Rare.*)

 1° La Passion et la Mort de Louis XVI, roi des juifs et des
chrétiens, 1790, avec une gravure et cette épigraphe : *Populus
meus quid feci tibi?* 1790.
 2° La Passion de 1790, ou Louis XVI sacrifié par et pour son
peuple. 1790.
 3° La Pentecôte, ou descente de l'esprit de Louis XVI, roi
des juifs et des Français. 1790.

263. Louis XVI, procès, condamnation, mort, etc.
18 pièces ou vol. in-8, br., dont : Captivité de
saint Louis II. — Recueil de pièces justificatives
de l'acte d'accusation. 1792. — Plaidoyer pour
Louis XVI, par Lally-Tollendal. 1793. — Défense
de Louis, par Desèze. — Projet de défense pour

Louis XVI, par Guillaume. — Jugement et Condamnation. — Testament. — Derniers Moments de Louis XVI. — La Mort de Louis XVI, tragédie. — Oraison funèbre, par l'abbé Edgeworth, etc.

264. Éloge historique et funèbre de Louis XVI° du nom. *Neufchâtel, de l'Impr. royale*, 1796, in-8, rel. v. fauv., fil. (*Armes de France.*)

265. Éloges funèbres de Louis XVI. 14 pièces en 3 vol. in-8, rel. maroq., n. rogn.

> Éloge historique et funèbre de Louis XVI° du nom. *Neufchâtel*, 1796. — Oraison funèbre de Louis XVI. 1814. — Elégie sur le service funèbre célébré pour S. M. Louis XVI. 1814. — Oraison funèbre de Louis XVI, Marie-Antoinette... par l'abbé Vitrac. 1814. — Éloge de Louis XVI. 1815. — Oraison funèbre de Louis XVI, par l'abbé de Villefort. 1816. — Oraison funèbre de Louis XVI, par Alexandre Soumet. — Vertus, Esprit et Grandeur du bon roi Louis XVI. 1816. — Le Roi-martyr, par de Moulières. 1816. — La France en deuil, ou le 21 janvier 1815. — Louis XVI et ses Défenseurs. 1817. — Etc., etc.

266. Oraison funèbre de Louis XVI, par l'abbé de Villefort. 1816. Oraison funèbre de Marie-Antoinette, par le même. 1816. — Oraison funèbre de Madame Elisabeth, par le même. 1817.—Oraison funèbre du duc d'Enghien. 1818.—Eloge du duc d'Enghien. 1827.—Détail des cérémonies qui ont été observées à Saint-Denis le jour de l'inhumation de Louis XVIII, par l'abbé de Villefort. — Ens. 5 p. in-8 en 1 vol., dem.-rel. v.

267. Correspondance politique et confidentielle inédite de Louis XVI, avec des observations par Hélène-Maria Williams. *Paris*, an XI (1803), 2 vol. in-8 cart. en 1.

268. Correspondance politique et confidentielle inédite de Louis XVI, avec des observations par Hélène-Maria Williams. *Paris*, an XI (1803), 2 vol. in-8, dem.-rel. bas.

269. Essai historique sur la vie de Marie-Antoinette d'Autriche. *Londres*, 1789, in-18, rel. v. fauv., fil., dent., tr. dor.

270. Essai historique sur la vie de Marie-Antoinette d'Autriche, reine de France, pour servir à l'histoire de cette princesse. *Londres*, 1789, in-8, portr., dem.-rel. maroq., n. rogn.

> Pamphlet furieux.

271. Essai historique sur la vie de Marie-Antoinette d'Autriche. *A Londres*, 1789, in-18, rel. v. fauv., fil., tr. dor.

> Libelle furieux, comme l'apprend la notice autographe signée de M. de Beauchesne, placée au devant de cet exemplaire.

272. Essai historique sur la vie de Marie-Antoinette, reine de France. *Londres*, 1789, in-8, d.-rel. maroq.

> La meilleure édition de ce pamphlet violent contre la reine.

273. Vie privée, libertine et scandaleuse de Marie-Antoinette d'Autriche, ci-devant reine des Français. 1793, 3 vol. in-18, fig., dem.-rel. v.

> Vers de M. de Beauchesne contre l'auteur de ce pamphlet, écrits de sa main sur la garde du tome Ier.

274. Marie-Antoinette, archiduchesse d'Autriche, reine de France, par le chevalier de M***. 1795, in-12, rel. v. ant., fil., dent. (*Thompson.*)

275. Histoire de Marie-Antoinette de Lorraine, par Montjoie. *Paris*, 1797, in-8, portr., rel. v. gr., fil.

276. Vie de Marie-Antoinette-Josephe-Jeanne de Lorraine, archiduchesse d'Autriche... *Paris, Capelu*, an X (1802), 3 in-18, portr., rel. maroq. v., dent., tr. dor.

277. Histoire de Marie-Antoinette, par Achaintre. *Paris*, 1824, in-12, rel. v. gr.—Marie-Antoinette à la Conciergerie, par E. Campardon. *Paris, Gay*, 1863, in-12, br. — Ens. 2 vol.

278. Histoire de Marie-Antoinette, archiduchesse d'Autriche, reine de France, par Achaintre. *Paris*, 1824, in-12, portr., dem.-rel. bas.

279. Mémoires secrets et universels des malheurs et de la mort de la reine de France, par Lafond d'Aussonne. *Paris*, 1825, in-8, portr., rel. v. rac., fil.

280. Histoire de Marie-Antoinette, par Edmond et Jules de Goncourt. *Paris, Didot*, 1859, in-8, dem.-rel. maroq. roug.

281. Mémoires de Mme la duchesse de Polignac, avec des particularités sur sa liaison avec Marie-Antoinette, reine de France, par la comtesse Diane de Polignac. *Paris*, an V, in-18, rel. maroq. bl., fil., dent., tr. dor. (*Armes de M. de Beauchesne.*)

282. Marie-Antoinette. 9 pièces en 1 vol. in-8, demi-rel., dont: La Nation à la reine.— Lettre à la reine. — Essai historique sur la vie de Marie-Antoinette. 1789. — Louis XVI et Marie-Antoinette traités comme ils le méritent. — Bouquet présenté à Marie-Antoinette par les sans-culottes. — Le Vrai Caractère de Marie-Antoinette. — Etc.

283. Marie-Antoinette. 18 p. in-8, br.

Lettre de Marie-Antoinette à la Nation. — Le Vrai Caractère de Marie-Antoinette. 1791. — Le Martyre de Marie-Antoinette. 1794. — Maximes et Pensées de Louis XVI et d'Antoinette. 1802. — Récit des derniers moments de captivité de la reine, par la dame Bault. 1817. — Notice historique sur le procès de Marie-Antoinette. 1816. — Souvenirs historiques sur la reine Marie-Antoinette, par le comte H. de Vieilcastel. — De l'Authenticité des lettres de Marie-Antoinette, par Gaudy. — Liste

civile. 1792. — Le Petit Alphabet de la cour. — Confession
générale du comte de Rohan. 1789. — Recueil de Lettres de
Joseph II. 1790.

284. Marie-Antoinette et le Procès du collier, par
   M. Emile Campardon. *Paris, Plon,* 1863, gr.
   in-8, cart., n. rogn.

   Exemplaire qui contient, outre les planches et les *fac-simile* de
   ce livre, une suite de portraits du xviii° siècle, représentant Mme
   de Lamotte, Bohemer et les divers acteurs de l'affaire du Collier.

285. Marie-Antoinette à la Conciergerie, fragment
   publ. par le comte de Robiano. *Paris,* 1824,
   in-12, pap. vél., vignette de Deveria, dem.-rel.
   v. ant., n. rogn.

286. Procès de Marie-Antoinette, ci-devant reine
   des Français. *Paris* (1865), in-12, fig., rel.
   maroq. bl., fil., dent., tranche sup. dor., n. rogn.
   (*Armes de France.*)

   Trente-neuf figures, scènes et portraits ont été ajoutés à cet
   exemplaire.

287. Correspondance de la reine avec d'illustres
   personnages. 1790, in-18, *portr. de Mme de Polignac,* dem.-rel. maroq. roug.

288. Marie-Antoinette et la Révolution française,
   recherches hist. *Paris, Techener,* 1859, in-12, rel.
   maroq. bl., dent., tr. dor. (*Closs. — Armes de
   M. de Beauchesne.*)

289. Les Palais de Trianon, par M. de Lescure. *S. d.,*
   in-12, dem.-rel. maroq. roug., fig.

290. Histoire de Madame Elisabeth de France, par
   Mme Guénard. 1802, 3 vol. in-12, portr., dem.-
   rel. maroq. roug.

291. Madame Elisabeth et son Temps. *Paris,* 1861,
   in-12, rel. vél., fil., dent., tr. dor.

292. Madame Elisabeth de France, sœur de Louis XVI, ses vertus, sa correspondance et son martyre, par Cordier. *Tours,* 1859, in-12, cart., n. rog.

293. Etude sur Madame Elisabeth, par Dufresne de Beaucourt. *Paris, Aubry,* 1864, in-8, rel., dos et coins maroq. roug., tr. sup. dor., n. rogn.

Lettre d'envoi de M. de Beaucourt à M. de Beauchesne.

294. Madame Elisabeth. 5 p. ou vol. in-8.

Les Derniers Régicides, ou Madame Elisabeth de France et Louis XVII. *Londres,* 1796. — Eloge funèbre d'Elisabeth-Philippine-Marie-Hélène, sœur de Louis XVI. — Vite di Elisabetta di Borbone, principessa di Francia. *Lucca,* 1830, pap. vél., port. — Etc., etc.

295. Correspondance de Madame Elisabeth de France, publ. par Feuillet de Conches. *Paris, Plon,* 1868, in-8, portr., rel., dos et coins maroq. roug., n. rogn.

296. Eloge historique de Madame Elisabeth de France, par Ferrand. *Paris,* 1814, in-8, dem.-rel. bas.

Sur la garde, une pièce de vers de M. de Beauchesne, dans laquelle il dit justement que Ferrand *a mis tout l'intérêt de son livre dans les notes.*

297. Eloge historique de Madame Elisabeth de France. *Paris, Adr. Leclerc,* 1861, in-8, portr. et fac.-sim., rel., dos et coins maroq., tr. sup. dor., n. rogn.

298. Vie de Marie-Thérèse de France, fille de Louis XVI, par M. Alfred Nettement. *Paris,* 1843, in-8, rel. maroq. v., fil., doublé de maroq. roug., n. rogn.

Hommage autographe et lettre d'envoi de M. Nettement à M. de Beauchesne.

299. Louis de France, Louis XVII, poëme, par
d'Escodeca de Boisse. *Paris, Imp. imp.*, 1861,
in-8, rel., dos et coins maroq. bl.(*Homm. de l'auteur.*) — Louis XVII, ouvr. fait sur des arrêtés
originaux, par Simien Despréaux. *Paris*, 1817,
in-18, dem.-rel. v. — Le Règne de Louis XVII.
1817, in-8, dem.-rel. maroq. bl., n. rogn.— Ens. 3
vol.

300. Mémoire historique sur Louis XVII, par
Eckard. *Paris*, 1818, in-8, dem.-rel. maroq.,
n. rogn., portr.

301. Vie de Louis XVII, par Privault. *Lille*, 1827,
2 part. en 1 vol. in-18, fig., cart.

302. Non, Louis XVII n'est pas mort au Temple,
réfutation de l'ouvrage de M. A de Beauchesne,
par le comte Gruau de La Bane. *Bruxelles et
Leipzig*, 1852, in-8, broché.

303. Le Faux Dauphin actuellement en France, ou
Histoire d'un imposteur se disant le dernier fils
de Louis XVI. *Paris,* an XI (1803), portr., 2 vol.
in-12, dem.-rel. v.

> Relié au chiffre du duc d'Orléans. Sur la garde, une épigramme
> de M. de Beauchesne relative à ce chiffre.

304. Conduite des princes de la maison de Bourbon
durant la Révolution, par M. Barrère. *Paris,*
1835. — La Tyrannie, par Alfieri, trad. par
Alix. *Paris,* 1834. — Ens. 2 vol. en 1, dem.-rel.
bas.

305. Comte d'Artois, comte de Provence et autres
princes. 15 pièces in-8, br., dont: Vie privée du
comte d'Artois. 1790, portr.(*Libelle.*) — Confession générale du comte d'Artois. — Lettre inter-
ceptée du comte d'Artois. — La Princesse de
Lamballe, document manuscrit. — Relation de
la captivité de Monsieur, frère du roi, 1 vol., portr.

— Philipe d'Orléans, 2 pièces.— Et autres pièces sur la famille des Bourbons.

306. Confession générale de Son Altesse Sérénissime le comte d'Artois. *Impr. dans les décombres de la Bastille*, le 23 juillet 1789. — Le Comte d'Ar*** en pèlerinage. — Départ de M. d'Artois pour se rendre à Paris — Arrivée de Mme la comtesse d'Artois à Turin. — 2e Lettre à Mgr le comte d'Artois. — Dîner de Mgr le comte d'Artois avec Calonne. — Sur la séance du 25 juin, et Lettre à M. le comte d'Artois. — Copie du manifeste attribué à Louis-Joseph de Bourbon, dit Condé. — Lettre à Monsieur, frère du roi. — Ens. 9 p. en un vol., dem.-rel. maroq., n. rogn.

307. Vie privée et politique de Louis-François-Joseph de Conti, prince J. F***. *Turin,* 1790, portrait et acrostiche.

> Sur la garde, deux *ex-libris*, l'un de 1788, l'autre de 1793. Le premier porte, au-dessous d'un écu, la légende suivante : « Bibliothèque de M. le vicomte de Bourbon-Busset, premier gentilhomme de la chambre, en survivance, de Mgr comte d'Artois... » Le second *ex-libris* porte, autour d'une guirlande de chêne, cette simple mention : *Bibliothèque de Louis-Antoine-Paul Bourbon-Busset, citoyen français.* 1793.

308. Angoulême (duchesse de), Louis XVII, duc de Berry, duc de Bordeaux. 20 pièces in-8, br., dont : A la mort de Mlle d'Angoulême (manuscrit). — Mémoire adressé à la nation.—Mémoires particuliers sur la captivité de la duchesse d'Angoulême. — Epithalame sur la princesse de Lamballe.— Réflexions sur le choix d'un instituteur au Dauphin. — Précis curieux et intéressant sur la vie de Louis XVII, mort le 8 juin 1795. In-4. — Biographie de Charles de France. 1848. — Eloge hist. du duc de Berry. 1 vol. — Histoire véritable du dernier coucher du duc de Berry. 1820.— Abdication de Henri V. — Louise de Parme, duchesse de Bourbon. — Etc.

309. Vie de Louis-Philippe-Joseph, duc d'Orléans,

trad. de l'anglais. *Londres*, 1789. — Vie privée
et politique de Louis-François-Joseph de Conti.
Turin, 1790, portr. — Vie politique et privée
de Louis-Joseph de Condé, prince du sang. *A
Chantilly*, 1790, portr. — Ens. 3 p. en 1 vol.
rel., dos et coins mar. roug., tr. dor.

310. Histoire de Philippe d'Orléans et du parti
d'Orléans, par M. Tournois. *Paris*, 1840, in-8,
d.-rel. v. f.

311. Philippe d'Orléans Egalité. Monographie,
par Auguste Ducoing. *Paris*, 1845, in-8, fac.-
sim., d.-rel. maroq. bl.

312. Vie de Louis-Philippe-Joseph, duc d'Orléans.
Londres, 1789, portr. — Vie secrète de Manuel.
— Ens. 2 vol. in-8, cart.

313. Correspondance de Louis-Philippe-Joseph
d'Orléans avec Louis XVI, la reine, Montmorin
et autres. *Paris*, 1800, in-8, d.-rel. v. f., portr.

314. Correspondance de Louis-Philippe-Joseph
d'Orléans avec Louis XVI, la reine, etc. 1800,
in-8, d.-rel. mar. r.

315. Le Duc d'Orléans. 30 p. in-8, br.

> Vie de L.-P.-J. Capet, ci-devant duc d'Orléans. 1793. — Vie
> de L.-P.-J. d'Orléans, traduit de l'anglais. 1789.— Vie privée
> ou apologie du très-sérénissime duc de Chartres. 1784. — Ins-
> truction donnée par S. A. S. Mgr le duc d'Orléans à ses repré-
> sentants aux bailliages (par Sieyès). 1789. — Mémoire présenté
> au roi. 1787. — Conjuration de Philippe d'Orléans. 1790. —
> La Faction d'Orléans. 1790. — La Vérité sur la faction d'Or-
> léans. 1795. — Intrigues secrètes de L.-P.-J. d'Orléans. —
> Exposé de la conduite de M. le duc d'Orléans dans la Révolution.
> — Consultation pour M. L.-P.-J. d'Orléans. — Non, d'Orléans,
> tu ne régneras pas. — Scandales de S. A. S. Mgr le duc d'Or-
> léans. 1789. — La Cabale d'Orléans ressuscitée et dévoilée. —
> Philippe d'Orléans traité comme il le mérite. — Etc., etc.

317. Histoire de la conjuration de Louis-Philippe-Joseph d'Orléans (par Monjoye). *Paris*,
1796, 3 v. in-8, d.-rel. v.

318. Histoire de la conjuration de Louis-Philippe-Joseph d'Orléans (par Monjoye). *Paris*, 1796, 3 vol. in-8, d.-rel. v. v., n. rogn., portr.

319. Histoire de la conjuration de Louis-Philippe-Joseph d'Orléans (par Monjoye). *Paris*, 1796, 3 v. in-12, d.-rel. mar. v.

320. L'Ecole des factieux, ou Supp. à l'histoire des conjurations de Louis-Philippe-Joseph d'Orléans et de Maximilien Robespierre. *Paris*, 1800, 2 vol. in-12 rel. en un, bas.

321. Vie secrète de Louise-Marie-Adélaïde de Bourbon Penthièvre, duchesse d'Orléans. *Londres*, 1790, in-18, portr., d.-rel. v. f.

Vers autographes de M. de Beauchesne sur la garde.

B. — Personnages divers.

322. Petit Dictionnaire des grands hommes de la Révolution, par un citoyen actif, ci-devant *rien* (par Rivarol et Champcenetz). *Au Palais-Royal*, 1790, in-8, d.-rel. maroq. bl.

323. Les Grands Hommes du jour. 1790. — Petit Dictionnaire des grands hommes de la Révolution, par un citoyen actif, ci-devant *rien. Au Palais-Royal*, 1790. — Ens. 2 vol. in-8 rel. en un, dos et coins v. f.

324. Le Martyrologe, ou Histoire des martyrs de la Révolution. *Coblentz*, 1792, in-8, 3 gr., d.-rel. maroq. bl.

325. Le Martyrologe, ou l'Histoire des martyrs de la Révolution. *Coblentz*, 1792, in-12, v. rac.

326. Vies privées, politiques et satiriques des per-

sonnages les plus célèbres de la Révolution. 24 pièces, dont : Vie politique de Lafayette. — Vie impartiale de Lafayette.— Vie privée de G. Chaumette. — Vie privée et politique du sieur Isaac Chapelier. 1790. — Vie de l'abbé Fauchet. 1791. — Vie de l'abbé Maury. — Vie de Chaumette et de Pierre Manuel. —Saint-Just, Danton et Robespierre. — Vie de Michel Lepeletier et Oraison funèbre. — Couthon jugé par Paganel.— Portr. de Mirabeau.— Précis ou Confession du comte de Mirabeau. — Les Mirabeau, par M. de Lomenie. Gr. in-8. — Etc.

327. Anecdotes curieuses et peu connues sur les personnages qui ont joué un rôle dans la Révolution (par Harman de la Meuse). *Genève*, 1793, in-8, d.-rel. maroq.

328. Biographie moderne, ou Galerie historique, civile, militaire, politique et judiciaire. *Paris*, 1815, 2 vol. in-8, d.-rel. bas.

329. Biographie moderne. *Leipzig*, 1807, 4 vol. in-8, cart.

330. The Revolutionary Plutarch exhibiting the most distinguished charactery, literary, military, and political in the recent annals of the french republic. *London*, 1804, 2 vol. in-12; bas.

331. Catalogue général des noms de famille et patronymiques des ci-devant ducs, marquis, comtes, barons, etc. (par Dulaure). In-8, portr.

332. Émigrés. 9 p. in-8, br.

Supplément à la Liste générale des émigrés. An III, 6 cahiers.

333. Liste des noms des ci-devant nobles. 32 numéros en un vol. in-8, rel. mar. bl., dent., tr. dor. (*Complet.*)

Sur la garde, un sonnet autographe signé de M. de Beauchesne;

sur le texte : « Tous les Français sont nobles, ayant tous du cœur. »

334. Femmes de la Révolution. 9 p. in-8, br.

Cahier de plaintes et doléances des dames de la halle et des marchés de Paris. 1789. — Almanach des honnêtes femmes. 1790. — Histoire de la conversion d'une dame parisienne. 1792. — Très-sérieuses Remontrances des filles du Palais-Royal. 1789. — L'Ombre de Catherine II aux Champs-Elysées. 1797. — La Prise des Annonciades. — L'Ame des Romaines. — Etc., etc.

335. Madame de Polignac. 7 p. in-8, br.

Conférence entre Mme de Polignac et Mme de Lamotte. 1789. — Maladie de Mme la duchesse de Polignac, qui a infesté la Cour. *Versailles* et *Paris*, 1789. — Testament de Mme la duchesse de Polignac. 1789. — Confession et Repentir de Mme de P***. 1789. — Réponse à la Confession de Mme de P***. 1789. — Adieux de Mme la duchesse de Polignac aux Français. 1789.

336. Madame Olympe de Gouge. 13 p. in-8, br., non rogn.

Adresses au roi, à la reine, etc. — Lettres à la reine, aux généraux, etc. — Les Droits de la femme. A la reine. — Réponse à la justification de Maximilien Robespierre. 1792. — Compte moral rendu. — Adresse au don Quichotte du Nord. 1792. — L'Esprit françois. 1792. — Grande Eclipse du soleil jacobiniste. — Le Bon Sens françois. — Les Fantômes de l'opinion. — Etc., etc.

337. Notice historique sur C.-G. de Lamoignon de Malesherbes, par J.-B. Dubois. *Paris*, 1806, in-8, v. rac., fil.

338. Mirabeau. 20 p. in-8, br., en 2 vol.

Vie publique et privée de Honoré-Gabriel Riquetti, comte de Mirabeau. *Paris, hôtel d'Aiguillon*, 1791, portr. — Adresse aux patriotes sur les funérailles de Mirabeau. — Démence, Agonie et Testament de Mirabeau. — Discours prononcé à Saint-Thomas-d'Aquin, au service célébré pour Mirabeau, par l'abbé Audouin. — Discours de Lenoir-Laroche, en offrant au conseil des Anciens le portrait de Mirabeau. — Eloge funèbre de Mirabeau, prononcé le 4 avril 1791, dans l'église de Saint-Eustache. — Eloge civique et funèbre de Mirabeau, prononcé aux Jacobins. 1791. — Honneurs funèbres rendus à Mirabeau, par Palloy. — Mandement de J.-B. Gobel, évèque de Lidda et de Paris, sur la mort de Honoré Riquetti Mirabeau. 1791. — Mirabeau aux Enfers. 1791.

— L'Ombre de Mirabeau aux Français libres.— Pompe funèbre de Mirabeau. 1791.— Testament de Mirabeau. — Etc., etc. (Recueil intéressant enrichi d'un portrait, d'une scène historique et d'un quatrain autographes signés de M. de Beauchesne.)

339. Les Deux Mirabeau. 80 pièces historiques ou pamphlets, in-8, br., dont :

Lettre du comte de Mirabeau sur Cagliostro et Lavater. 1786. — La Confession du comte Grifolin, facétie et dialogue par M. de Maribarou. 1788.— Sur la liberté de la presse, imité de l'anglais par le comte de Mirabeau. 1788.— Mirabeau aux Enfers. 1791.— Confession et Repentir sincère d'un prélat pénitent. S. d. — Etc., etc.

340. Souvenirs sur Mirabeau et sur les deux premières Assemblées législatives, par E. Dumont. Paris, 1832, in-8, demi-rel.

341. Vie de M. Jean-Sylvain Bailly, premier maire de Paris. *Paris, 1790, de l'imprimerie de la liberté, de la vérité, et surtout de l'impartialité,* in-18, portr., demi-rel. chagr., non rogn.

342. Histoire parlementaire et vie intime de Vergniaud, chef des Girondins, par Touchard-Lafosse, 1847, in-12, demi-rel.

343. L'Abbé Grégoire. 14 pièces in-8, br.

Rapports, discours, opinions, etc., dont : Histoire du commerce homicide appelé « traite des noirs ». 1822. — De la Noblesse de la peau. 1826.— Rapport sur les encouragements à accorder aux savants, aux gens de lettres et aux artistes. 1793-1794. — Rapport sur le vandalisme. 1793. — Rapport sur la nécessité d'anéantir le patois. 1794.— Rapport sur la bibliographie. 1794. — Doléances présentées à l'assemblée des états de Blois, par l'abbé Le Blanc. 1789. — Etc.

344. Vie privée et publique du comte de Vergennes. *Paris, 1789.* — Portrait du comte de Vergennes (par Rhulières). 1798. —.Ens. 2 p. en 1 vol. in-8, demi-rel. mar. bl.

345. Précis de la conduite de Mme de Genlis pendant la Révolution. *Hambourg, s. d.,* in-12, demi-rel. mar. r.

346. Mémoires historiques de Marie-Thérèse-Louise de Carignan, princesse de Lamballe, publiés par Mme Guinard. 1801, 4 vol. in-12, fig., rel. en 2 vol., demi-rel. v. fauv.

347. Condorcet. 34 pièces in-8, br. Rapports, discours, opinions et écrits divers sur différentes questions de politique, d'administration, etc., de 1782 jusqu'au décret de son arrestation comme girondin, le 31 mai 1793.

348. Mémoires de Mme Roland. *Paris, Baroyer*, 1823, 2 vol. in-18, demi-rel. mar. bl., non rogn.

349. Appel à l'impartiale postérité, par la citoyenne Roland. *Paris, s. d.*, 4 part. en 1 vol. in-8, demi-rel., dos et coins mar. r.

350. Œuvres de J.-M.-Ph. Roland, femme de l'ex-ministre de l'intérieur. *Paris*, an VIII, 3 vol. in-8, rel. v. gr., fil.

351. Lettres en partie inédites de Mme Roland aux demoiselles Cannet, à Bosc, etc., par C.-A. Dauban. *Paris, Plon*, 1867, 2 vol. gr. in-8, fig., rel., dos et coins mar. bl., non rogn.

352. Marat. 36 p. in-8, br.

> Pièces de lui ou sur lui, dont : Recherches sur le feu. 1780. — Notions d'optique. 1784. — Offrande à la patrie. 1789. — Appel à la nation. 1790. — Discours sur la défense de Louis XVI. 1792. — Appel nominal sur cette question : y a-t-il lieu à accusation contre Marat. — Ni Marat, ni Roland. 1792. — Acte d'accusation contre Marat. 1793. — Panégyrique de Marat. Oraison funèbre de Marat, par Guirault. 1793. — L'Ami du peuple. 1793. — Dialogue entre Marat et Robespierre. An II. — Dialogue des morts de la Révolution. — Grande dispute au Panthéon entre Marat et Rousseau. — Panégyrique de Marat. 1794. — Etc., etc.

353. Marie-Anne-Charlotte de Corday d'Armont, par Cheron de Villiers. *Paris, Amyot*, 1865, gr. in-8, atlas in-folio, ens. 2 vol., br., dans un étui à dos de mar.

354. Charlotte Corday, décapitée à Paris le 16 juillet 1793, par Couet-Gironville. An IV, in-8, demi-rel. v., portr.

355. Charlotte Corday. Dossier de 6 pièces.

> Véritables Lettres de Marie-Anne-Charlotte Corday. 8 feuillets in-8. — Détails de l'assassinat commis à huit heures du soir, sur la personne de Marat, par une femme âgée de vingt-deux à vingt-cinq ans. 8 ff. in-8, 1793.— Les Paradoxes, ou Dialogue entre Linguet et Charlotte Corday. In-8. — Bulletin de la Convention nationale. — Interrogatoire de la fille Corday. Placard in-folio. — 3 *fac-simile* de pièces du procès de Charlotte Corday.

356. Note sur l'authencité du portrait de Charlotte de Corday, par Hauer. 12 p. — Note et Renseignements sur le *fac-simile* de la lettre de Charlotte de Corday à Barbaroux. 38 pag. — Dossier du procès de Charlotte de Corday, par Vatel (texte). — Charlotte de Corday, par Louis du Bois. 1838. — Ens. 4 p. et vol. in-8, br.

357. Vie de Rivarol, par Sulpice de La Platière. An X (1802), 2 vol. en un, portr. — Esprit de Rivarol. 1808. — Vie de Beaumarchais. *Paris,* 1802, portr. — Vie de Jean Howard. An V (1796), portr. — Ens. 4 vol. in-18, rel.

358. Robespierre. 42 p. de lui, pour et contre lui. In-8, br.

> Discours, rapports et écrits divers sur des matières législatives. Eloges et pamphlets, dont : Discours sur l'organisation des gardes nationales. 1790. — Adresse de Maximilien Robespierre aux Français. 1791. — Discours sur la guerre. 1792. — Sur les moyens de sauver l'Etat. 1792. — Rapports sur les fêtes nationales. 1794. — Sur les principes du gouvernement. 1793. — Sur la situation politique. 1793. — Trahison de Robespierre. 1794. (Réunion importante.)

359. Mémoires de Charlotte Robespierre sur ses deux frères, précédés d'une introduction par Laponneraye. *Paris,* 1835, in-8, portr., demi-rel. v.

360. Mémoires de Charlotte Robespierre sur ses deux frères, par Laponneraye. *Paris,* 1835, in-8, demi-rel. v., portr.

361. Saint-Just, par Ed. Fleury. 1850, 2 vol. in-12, demi-rel. mar. r.

362. Précis historique de la vie, des crimes et supplice de Robespierre et de ses principaux complices, par Desessarts. *Paris*, 1798, in-12, demi-rel. mar. r. — Le Bon M. de Robespierre, par Chabot. 1852, in-12, demi-rel.

> Avec huit vers foudroyant les principaux révolutionnaires, par M. de Beauchesne. Ce dernier volume est aussi accompagné de vers et d'une longue note de M. de Beauchesne.

363. La Vie et les Crimes de Robespierre, surnommé le Tyran, depuis sa naissance jusqu'à sa mort, par Le Blon de Neuveglise. *Augsbourg*, 1795, in-12, bas.

> Cette vie de Robespierre est fort rare.

364. Maximilien Robespierre, par Lodieu. 1850, in-12, demi-rel. mar.

365. Saint-Just. 15 p. in-8, br.

> Rapports, discours, etc., dont le discours commencé en la séance du 9 thermidor...

366. Barère. 10 p. in-8. Rapports, etc.

367. Billaud-Varennes. 15 pièces, dont 2 vol. in-8, br.

> Le Dernier Coup porté aux préjugés. 1789. — Discours, rapports, etc., etc.

368. Jean Bon Saint-André, sa vie et ses écrits, mis en ordre et publiés par Michel Nicolas. *Paris*, 1848, in-12, demi-rel. chagr., non rogn.

369. Joseph Lebon dans sa vie privée et dans sa carrière politique, par son fils, Émile Lebon. *Paris*, *Dentu*, 1861, in-8, demi-rel. mar. v., non rogn.

> Une remarquable pièce de vers de M. de Beauchesne a été placée en manuscrit sur la garde de cet exemplaire.

370. Anacharsis Cloots, l'Orateur du genre humain, par Georges Avenel. *Paris*, 1865, 2 vol. in-8, cart., non rogn.

371. Vie politique et militaire du général Poisson-nier-Desperrières, écrite par lui-même. *Paris*, 1824, in-8, pap. vél., rel. maroq. vert, fil., dent., tr. dor. (*Armes.*)

De la bibliothèque de Rosny.

372. Brissot. 32 pièces in-8, br. Rapports, discours, opinions et écrits divers sur toutes les questions législatives.

373. Mémoires posthumes touchant la vie et la mort de Charles-François, duc de Rivière. *Paris*, *Ladvocat*, 1826, in-8, d.-rel. v. ant., non rogné, *fac-simile.*

Hommage et lettre d'envoi du chevalier A. de Chazet, auteur de ce livre.

§ 3. — HISTOIRE RELIGIEUSE.

374. Chanson d'un inconnu... avec des remarques, par le docteur Chrysostome Mathanasius, ou His-toire véritable arrivée à l'endroit d'un R. P. de la Compagnie de Jésus. *Turin*, 1737, in 8, d.-rel. v. br.

375. Histoire du clergé pendant la Révolution française, par l'abbé Barruel. *Londres*, 1794, in-8, cart., non rogn.

376. Histoire du clergé de France. *Paris, Garnier*, an XI (1803), 3 vol. in-12, fig., rel. v. rac.

377. La Religion prouvée par la Révolution, par

l'abbé Clausel de Montals. *Paris*, 1816, in-8, cart.

A la garde, une note bibliographique de la main de M. de Beauchesne.

378. Discours prononcé à l'Assemblée par la députation de l'archiconfr. roy. du Saint-Sépulchre (par le comte de Provence). 1790, 7 pag. — Tableau de l'archiconfr. du Saint-Sépulcre, 16 pag. —Ens. 2 p. in-8, rel. v. f., fil., tr. dor. (*Aux armes du comte de Provence.*)

379. L'Eglise de France depuis la convocation des Etats généraux (1789), par A.-J. Delbos. *Toulouse*, 1853, 2 vol. in-8, d.-rel. maroq. La Vall.

380. Les Martyrs de la foi pendant la Révolution française, ou Martyrologe des pontifes, prêtres, religieux, religieuses, laïcs de l'un et l'autre sexe, qui périrent alors pour la foi, par l'abbé Aimé Guillon. *Paris*, 1821, 4 vol. in-8, d.-rel. maroq.

381. Le Martyrologe belgique l'an de fer 1790. *A la Vérité et à la Postérité*, 1791, in-8, d.-rel. v. f., non rogn.

382. Histoire du serment à Paris, suivi de la liste de ceux qui ne l'ont pas prêté et d'observations critiques sur le tableau des jureurs, par M. de Joly, secrétaire greffier. 1791. — Opinion de M.-P.-A. Torné sur les ecclésiastiques non sermentés. —Le Piége découvert, ou Questions importantes sur le serment. — Instruction sur le schisme. — Catéchisme pour le peuple sur l'Eglise. — Le Catéchisme d'un curé intrus. 1791. —Catéchisme catholique. 1791. — Catéchisme pratique. — Développement du second serment, appelé civique.—Conversation entre deux jeunes demoiselles de campagne sur les affaires du temps. 1791. — Motifs de confiance et Règles de conduite pour le temps présent. 1791. —Exposition des sentiments

que tout catholique doit avoir.... — Proclamation du roi du 28 septembre 1791. — Obstacles à ma conversion constitutionnelle. — Lettre d'un ecclésiastique de Paris à un ecclésiastique de Toulouse. — Etc., etc.

Recueil d'un grand prix pour l'histoire du clergé assermenté.

383. Du Nouvel Ordre social fondé sur la religion, par Jean-Henri Bancal. *Paris*, vendémiaire an V, in-8, d.-rel. v. f.

« On doit à Bancal ce bel ouvrage, où se révèlent la modération de son esprit et l'élévation de son âme. » Cette phrase termine la notice autographe signée dont M. de Beauchesne a enrichi cet exemplaire.

384. Clergé régulier et séculier. Pièces historiques et pamphlets de 1787 à 1800. Environ 55 pièces in-8, br., dont : De la religion nationale, par l'abbé Fauchet. 1789, 1 vol. — Observations philosophiques. 1787. — Recueil de pièces intéressantes au sujet des trappistes de la Valsainte. 1797. — Pétition des filles de Sainte-Geneviève. 1791. — Révolution ecclésiastique, ou la Calotte renversée. 1790. — Rétractation commune des intrus ou jureurs. — Confession d'un membre du clergé. 1789. — Relation de ce qu'ont souffert pour la religion les prêtres français déportés à l'île d'Aix. 1796. — Code ecclésiastique. — Etc.

385. Affaires religieuses. 7 vol. in-8.

Dénonciation aux Français catholiques, par Audainel. 1791, rel. v. — Comparaison de la morale et des maximes de l'Évangile. 1792, cart. — Accord de la religion et des cultes, par de Moy. An IV, v. rac. — Le Double Concordat, par Bataillard. An X, 1802, v. rac. — Discours de l'évêque de Lescar. An XI, 1802, cart. — Etc., etc.

386. Entretiens patriotiques sur la constitution civile du clergé, par J. Courdin. *Béziers, s. d.* — Réfutation de l'instruction pastorale de l'évêque de Boulogne, par Charrier de La Roche, 1791. —

Hommage catholique à la République française
Paris, 1793, 3 vol. en un, rel. d.-maroq. bl.

387. L'Ecclésiastique citoyen. *Londres*, 1785, in-8,
demi-rel. v: fauv.

388. Préservatif contre le schisme, ou Questions relatives au décret du 27 novembre 1790. *Paris*,
1791. — Du Culte public. *Paris*, an X (1802),
fig. — Ens. 2 vol. in-8, demi-rel. bas.

389. Journal historique et religieux de l'émigration
et déportation du clergé français en Angleterre,
par l'abbé Lubersac. *Londres*, 1802, in-8, demi-
rel. mar. r. (*Rare.*)

390. Affaires religieuses de l'an III à l'an VI.
14 pièces en un vol. in-8, rel. bas.

> Discours sur la liberté des cultes, par Grégoire. An III. —
> Lettres encycliques de plusieurs évêques de France. 1795. —
> Plan de conciliation proposé par le concile national de l'Eglise
> gallicane. 1797.— Lettres synodiques. 1797.— Etc., etc.

391. Almanach ecclésiastique de la France pour
l'an XI de la République. *Paris*, 1802, in-18,
v., fil., tr. dor.

392. Mémoires sur Pie VI. *Paris*, an VIII, 2 vol.
in-8, cart., non rogn.

393. Étrennes religieuses. *Bruxelles*, 1798, in-18,
demi-rel. v., tr. sup. dor., non rogn.

394. Les Inconvéniens du célibat des prêtres (par
l'abbé Gaudin). 1789, in-8, demi-rel. mar. bl.

395. Discipline de l'Église sur le mariage des prêtres (par Maultrot). 1790, in-8, demi-rel. v.

396. Histoire du mariage des prêtres en France,
particulièrement depuis 1789, par Grégoire. *Paris*,
1826, in-8, demi-rel.

397. Essai historique sur la puissance temporelle des papes (par Daunou). 1811, 2 vol. in-8, demi-rel. v. ant.

398. Les Crimes des papes, depuis saint Pierre jusqu'à Pie VI, par L. Lavicomterie. *Paris*, 1792, in-8, demi-rel. v. bl., 9 grav.

> Ce volume est accompagné d'une note autographe de M. de Beauchesne sur Louis de La Vicomterie.

399. Les Quatre Concordats, par de Pradt. *Paris*, 1818, 3 vol. in-8, rel. v. ant.

400. La Captivité et la Mort de Pie VI, par le général de Merck. *Londres*, 1814, in-8, portr. — Histoire des malheurs et de la captivité de Pie VII. 1814, 2 vol. in-12, cart., non rogn., fig.

401. Histoire des sectes religieuses, par Grégoire. 1810, 2 vol. in-8, demi-rel. v. ant.

402. Le Législateur des chrétiens, ou l'Évangile des déicoles, par Lesuire. *Paris*, an VI (1798). (*Stances aut. sign. de M. de Beauchesne.*) — La Religion vengée. An V (1797). — Almanach du chrétien. 1799. — Etc., etc. — Ens. 6 vol. in-18, rel.

403. Discours décadaires, à l'usage des théophilanthropes, par F.-M. Poultier. *Paris*, an VI, in-8, br.

404. Année religieuse des théophilanthropes ou adorateurs de Dieu, par l'auteur du *Manuel des théophilanthropes. Paris*, an VI (1797), 3 vol. in-18, demi-rel. v. fauv.

405. Le Secret de l'Église trahi, ou le Catéchumène (par Borde). An III de la République, in-18, mar. r., dent., tr. dor. (*Armes de M. de Beauchesne.*

> Stances de M. de Beauchesne autographes signées.

406. Le Tombeau de Jacques Molai. ou Histoire
secrète et abrégée des initiés anciens et modernes.
Paris, an V, in-18, demi-rel. v. v.

§ 4. — HISTOIRE PARLEMENTAIRE.

407. États généraux. 3 vol. in 8.

> Dissertation sur le point de savoir si le roi de France a le droit
> exclusif d'assembler les États généraux. 1788, in-8, demi-rel.
> v. f. — Discours d'un syndic de ***. 1789, in-8, cart. — Ou-
> verture des États généraux. 1789, in-8, cart.

408. États généraux. Environ 100 pièces pour et
contre, publiées en 1788 et 1789, 21 vol. in-8,
demi-rel. bas.

409. États généraux. Pièces diverses, polémique,
débats, discussions pour et contre, attaques et dé-
fenses, pamphlets, etc. Environ 125 pièces, le tout
en 3 vol. in-8, demi-rel. parch., non rogn.

410. Débats et décrets des États généraux. 1788 et
1789, 36 pièces. — Décrets de la Convention.
An III, 36 pièces. — Bulletin de la Convention.
An III et an IV, 180 pièces. — Rapports faits à
la Convention. 16 pièces. — Le tout réuni en
5 cart.

411. Nouvelles pièces intéressantes servant de supplément à tout ce qu'on a publié sur les États généraux. 1789, 2 vol. in-8 en un, cart., non rogn.

412. Introduction aux Mémoires sur la Révolution
française, ou Tableau comparatif des mandats et
pouvoirs donnés par les provinces, par F. Grille.
Paris, 1825, 2 vol. in-8, demi-rel. mar. viol.

413. Mémoire pour le tiers état de Bretagne, par
Gohier. 1789, in-8, cart., non rogn.

Avec une notice autographe sur Gohier signée de M. de
Beauchesne, plus huit vers sur Gohier.

414. Procès-verbal de protestations de l'assemblée
de l'ordre le plus nombreux du royaume. 1789,
in-8, br.

415. Les États généraux de l'autre monde (par Labenette). *Paris,* 1789, 2 vol. in-8, demi-rel.
mar. r.

416. Journal politique national des États généraux et
de la Révolution de 1789, par l'abbé Sabatier de
Castres, et tiré des annales manuscrites du comte
de R... (Rivarol). 1790, deux séries de 18 et de
24 numéros. 2 tomes en 1 vol. in-8, bas.

Avec une notice autographe intéressante de M. de Beauchesne
sur les auteurs de ce journal.

417. Récit des principaux faits qui se sont passés
dans la salle de l'ordre du clergé depuis le commencement des États généraux, le 4 mai 1789,
jusqu'à la réunion des trois ordres dans la salle
commune de l'Assemblée nationale, par M. Vallet,
curé. *Paris,* 1790, in-8, dem.-rel. chagr.

418. Le Véritable Portrait de nos législateurs, ou
Galerie des tableaux exposés à la vue du public
depuis le 5 mai 1789 (par Dubois de Crancé).
Paris, 1792, in-8, portr. de Buzot, dem.-rel.
maroq. bl.

419. Lettres patentes du roi sur les décrets de
l'Assemblée du 26 décembre 1789 au 26 juillet
1790. Recueil de pièces originales sur vélin
signées : Louis, et contre-signées : Latour du
Pin. In-fol., rel., dos et coins v. fauv.

420. Le Point du jour, ou Résultat de ce qui s'est
passé la veille à l'Assemblée nationale, par Barère,

du 19 juin 1780 au 20 octobre 1781. 815 numéros, 27 vol. in-8, bas.

421. Le Long Parlement et ses Crimes. 1790, in-8, cart. (*Portr. de Louis XVI.*)

422. Appel au tribunal de l'opinion publique, du rapport de M. Chabroud et du décret rendu par l'Assemblée nationale le 20 octobre 1790, par M. Mounier. *Genève*, 1790, in-8, rel. v. gr.

> Ce volume est enrichi de sept pages autographes signées de la main de M. de Beauchesne.

423. La Constitution française présentée au roi en 1791. *Paris, Imp. nat.,* 1791, in-18, mar. r., fil., tr. dor., pap. vél.

> Aux armes de M. de Beauchesne.

424. La Constitution française présentée au roi par l'Assemblée nationale le 3 septembre 1791. *Paris, Baudouin,* 1791, in-4, rel. maroq. pl. vert, fil., dent., tr. dor.

425. Adresse de la Société des amis des noirs à l'Assemblée nationale, par Clavière. *Paris*, 1791, in-8, v. gr., fil.

426. Code des électeurs. *Paris, Baudouin,* 1792, 2 vol. in-18, rel. v. rac.

427. Catéchisme du citoyen français, par l'abbé Auger. (*S. d.*). — Manuel des amis de la Constitution. 1792, fig. — Constitution du peuple français à l'usage des enfants. 1793, fig. — Constitution française. 1791. — Etc. — Ens. 6 vol., rel. v. gr., fil., tr. dor.

428. Code des pensions, ou Recueil des décrets de l'Assemblée constituante sur les récompenses...., par M. Camus. *Paris, Impr. nat*, an IV, in-32, rel. maroq. roug., fil., tr. dor.

429. Politicon, ou Choix des meilleurs discours
sur tous les sujets de politique traités dans la première Assemblée nationale de France. *Paris*,
1792, 6 vol. in-8, rel. bas., portr.

430. Mirabeau à la tribune, ou Choix des meilleurs
discours de cet orateur. *Paris,* an IV, 2 vol.
in-18, dem.-rel. v.

> Sur la garde, une pièce de vers de la main de M. de Beau-
> chesne.

431. Documents historiques, ou Discours de M. le
marquis de Dreux Brezé. *Paris*, 1842, in-8,
2 vol. rel. en un, dem.-maroq., n. rogn.

432. Qu'est-ce que l'Assemblée nationale ? 1791,
in-8, br.

433. Les Bienfaits de l'Assemblée nationale, ou
Entretiens de la mère Saumon. *Paris*, 1792,
in-32, fig., dem.-rel. maroq., n. rogn.

434. Manuel des assemblées primaires et électorales de France (par André Dumont). *Hambourg*, s. d., in-12, br. — Manuel portatif, contenant la Constitution française. An VIII (1801),
in-18, fig., cart., n. rogn. — Ens. 2 vol.

435. Journal des débats et des décrets de la Convention et du Directoire, du 1er janvier 1793 au
27 frimaire an VI. 72 vol. in-8, dem.-rel. v.

> Avec les armes de M. de Beauchesne sur le dos des volumes.

436. Histoire de la Convention par Durand de
Maillane, par le comte Lanjuinais. *Paris*, 1825,
in-8, cart., n. rogn.

437. Arrêtés, Déclarations et Décrets de la Convention, du 20 septembre 1792 au 4 brumaire
an IV. 18 vol. in-8, dem.-rel. v. r.

3.

438. Mémorial révolutionnaire de la Convention, ou Histoire de la Révolution de France, de 1792 à 1795, par Vasselin. 1797, 4 vol. in-12, dem.-rel. mar. r.

> Avec une note de M. de Beauchesne.

439. Mémorial révolutionnaire de la Convention, par G.-V. Vasselin. An V (1797), 4 vol. in-12, rel. v. rac.

440. Vie politique de tous les députés à la Convention, par Robert. *Paris*, 1814, in-8, dem.-rel., dos et coins mar. r.

441. Petite Biographie des conventionnels, par un jacobin converti. *Paris*, 1826, in-32, dem.-rel. maroq. br. , n. rogn.

442. Petite Biographie des conventionnels. *Paris*, 1815, fig., in-12, dem.-rel. maroq., n. rogn.

> Exemplaire enrichi par M. de Beauchesne d'une pièce de vers et de nombreuses additions et rectifications manuscrites.

443. Procès de Louis XVI. Recueil de pièces originales réunies en 3 vol. in-8, rel. v. rac.

> Réflexions morales et politiques sur le procès de Louis XVI. — Adresse de plusieurs citoyens français sur le procès intenté au roi Louis XVI. 1792. — Le Peuple et le Roi. — Le Cri de l'honnête homme, ou mon opinion sur le procès de Louis XVI. — Louis Capet à la barre des Sans-Culottes. — Au Peuple souverain sur le procès de Louis XVI. — Réflexions sur l'inviolabilité des rois. — Défense de Louis XVI, par Michel-Germain Pichois. 1792. — Résumé des discours prononcés à la Convention sur le procès de Louis XVI. — Un Défenseur du roi. — L'Ami des lois, aux quatre-vingt-trois départements français. *Paris*, 1793. — Les Bienfaits de Louis XVI, notice faite avant 1787, et dont il avait défendu l'impression. 1793.— Discours aux Français sur l'abolition de la royauté. — À mes Concitoyens nés ou domiciliés à Paris. — Appel nominal. — Liste comparative des cinq appels nominaux. — Avis à la Convention sur le jugement de Louis XVI. — Dénonciation des prévarications commises dans le procès de Louis XVI. — Observations de Target sur le procès de Louis XVI. — Target, président du tribunal de Sainte-Geneviève. — Bulletin de la

Convention qui contient l'acte d'accusation, l'interrogatoire et les réponses. — Défense de Louis XVI, par M. de Sèze. — Défense de Louis attribuée à Malouet. — Plaidoyer par M. de Tollendal. — François, prenez, lisez, et puis jugez. — Le Procès de Louis XVI en quatre mots. — Vues générales sur le procès de Louis XVI. — Etc., etc. (Précieux recueil.)

444. Procès et Jugement de Louis Capet, seizième du nom, dernier roi de France. 1793, in-8, dem.-rel. maroq., n. rogn.

445. Histoire du procès de Louis XVI, par Maurice Méjan. *Paris*, 1814, 2 vol. in-8, rel. v. v.

446. Mémoire autographe de M. de Barentin sur les derniers conseils du roi Louis XVI, publ. par M. Champion. *Paris*, 1844, in-8, cart.

447. Collection des meilleurs ouvrages qui ont été publiés pour la défense de Louis XVI, par J. du Gour. *Paris*, 1793, 2 vol. in-8, demi-rel. bas.

448. Opinions des députés à la Convention. Votes motivés dans le procès de Louis XVI. Environ 260 pièces originales réunies en 7 vol. in-8, cart , n. rogn.

449. Liste comparative des cinq appels nominaux... sur le procès et le jugement de Louis XVI. *Paris*, 1793, in-8, demi-rel. chagr., n. rogn.

450. Compte rendu à la Convention nationale et au peuple souverain, par Benoît Gouley, représentant du peuple. *S. l. n. d* , in-8, demi-rel. maroq., n. rogn.

Une préface manuscrite de quatre pages a été mise par M. de Beauchesne au-devant de cet exemplaire.

451. J.-P. Brissot, député du département d'Eure-et-Loir, à ses commettants, sur la situation de la Convention nationale, sur l'influence des anarchistes, sur la nécessité d'anéantir cette influence. *Paris*, s. d. (1792), in-8, dem.-rel. bas.

452. Acte constitutionnel. *Dijon*, 1793, in-18,
d.-rel. — Mémorial constitutionnel. depuis 1789.
In-12, dem.-rel. v. f., n. rogn. — Ens. 2 vol.

453. Manuel des assemblées primaires et électorales
de France (attribué à André Dumont). *Hambourg, s. d.* (vers l'an IV), dem.-rel. chagr.

Livre dirigé contre le duc d'Orléans.

454. Constitution de la République française représentée par figures gravées, par F.-A. David.
Paris, an VIII, in-18, rel. v. rac.

455. Table alphabétique des matières contenues dans
les messages du Directoire et du conseil des Cinq-
Cents. An VII, in-8, cart., n. rogn.

§ 5. — Histoire judiciaire.

456. Archives judiciaires. — Recueil complet des
discussions législatives et des débats résultant
des grands procès politiques jugés en France de
1792 à 1840, documents recueillis...... par le
baron Carl de Ketschendorf. *Bruxelles et Liége*,
1869, gr. in-8, rel., dos et coins maroq. du Lev.
La Vall., tr. sup. dor., n. rogn.

457. Mémoires sur la Bastille et sur la détention de
M. Linguet, écrits par lui-même. *Londres*, 1783,
fig. — Vues d'un citoyen sur la distribution des
dettes de l'Etat (par Hocquard de Coubron).
La Haye, 1783. — Ens. 2 vol. in-8 rel. en un,
v. rac.

458. Bastille. 40 p. in-8, br.

Figures ajoutées.

459. Mémoire pour les exécuteurs des jugements criminels de toutes les villes du royaume. *Paris,* février 1790, in-8, br.

460. Procès du prince de Lambesc. *Paris,* 1790, in-8, br.

461. Histoire secrète du Tribunal révolutionnaire, par M. de Proussinalle. *Paris,* 1815, 2 vol. in-8, cart., n. rogn.

462. Histoire du Tribunal révolutionnaire de Paris, d'après les documents originaux, par Campardon. *Paris,* 1862, 2 vol. in-12, dem.-rel. maroq. r.

463. Histoire du Tribunal révolutionnaire, par Ch. Monselet. *Paris,* 1852, in-12, dem.-rel. mar.

> Le titre porte *première partie*, mais l'ouvrage est complet en un volume.

464. Le Tribunal révolutionnaire de Paris, avec la liste complète des personnes qui ont comparu devant le Tribunal, par Campardon. *Paris,* 1866, 2 vol. in-8, *fig. et fac-simile,* dem.-rel.

465. Le Glaive vengeur de la République, ou Galerie révolutionnaire des arrêts du Tribunal révolutionnaire, etc. (par Tisset). *Paris,* an II, in-8, dem.-rel. mar. v.

466. Liste générale des individus condamnés par jugements, ou mis hors la loi par décrets, et dont les biens ont été confisqués au profit de la République. *Paris,* an II, 7 parties, br. en 2 vol., n. rogn (*Complet.*)

467. Du Tribunal révolutionnaire, par J.-B. Sirey. *Paris,* an III, in-8, br.

468. Tribunal révolutionnaire, jugements. 9 pièces in-4 et in-8, br. : Appel nominal dans l'affaire de Carrier. — Relations du voyage de 132 Nantais. —

Les Noyades, ou Carrier au Tribunal révolutionnaire. — Acte d'accusation contre plusieurs membres de la Convention. 1793. — Jugement rendu contre Danton, C. Desmoulins, Fabre d'Eglantine, Hérault de Séchel, etc. — Procès de Fouquier-Tinville. 1794. — Conspiration de Suleau. — Jugement rendu contre les Girondins. — Déclaration de Vincent contre Custine.

469. Tableaux des prisons de Paris sous le règne de Robespierre. *Paris*. — Idées des horreurs des prisons d'Arras. An III. — Ens. 2 vol. in-18, demi-rel. maroq.

470. L'Agonie de Saint-Lazare sous la tyrannie de Robespierre, par Dusaulchoy. In-8, demi-rel.

Avec une notice sur Dusaulchoy par M. de Beauchesne.

471. Les Souvenirs d'un jeune prisonnier, ou Mémoires sur les prisons de la Force, par Duplessis. An III. — Mémoire d'un détenu, par Riouffe. An III. — Idées des horreurs des prisons d'Arras. An III. — Ens. 3 vol. in-18, demi-rel. maroq.

472. Prisons sous la Terreur, recueil de pièces, rel. en 1 vol. in-18, dos et coins maroq. r., n. rogn.

Ce volume contient :
1° Tableau des horreurs commises dans les prisons de Toulouse.
2° Idées des horreurs des prisons d'Arras, ou Crimes de Joseph Lebon. An III.
3° Souvenirs d'un jeune prisonnier, ou Mémoires sur les prisons de la Force et du Plessis. An III.
4° Les Nuits de la Conciergerie : rêveries mélancoliques et poésies d'un proscrit. An III (1795).

473. Les Nuits de la Conciergerie, rêveries mélancoliques et poésies d'un proscrit. An III (1795), in-18, fig., demi-rel. chagr., n. rogn.

474. Histoire politique et anecdotique des prisons de la Seine, par Barthélemy Maurice. 1840, in-8, demi-rel.

475. Almanach des prisons. *Paris*, an III, fig. — Second Tableau des prisons de Paris. Fig — Ens. 2 vol. in-18, demi-rel., n. rogn.

476. Les Prisons de Paris, histoires, types, mœurs, mystères, par Maurice Alhoy et Louis Lurine. *Paris*, 1846, gr. in-8, nombr. fig., d.-rel chagr., n. rogn.

477. Histoire des prisons de Paris et des départements, contenant des mémoires rares et précieux, par Nougaret. *Paris*, 1797, 4 vol. in-12, d.-rel. mar.

Avec une notice sur Nougaret par M. de Beauchesne.

478. Procès de Brissot et complices. *Paris*, an II, 1 vol. in-8, cart.

Avec une notice biographique autographe sur Brissot par M. de Beauchesne.

479. Procès instruit par le Tribunal criminel du département de la Seine, contre Saint-Rejant, Carbon et autres. *Paris*, an IX, 2 vol. in-8, d.-rel. mar. — Procès de Demerville, Cerachi, Aréna et autres. An IX, in-8. — Ens. 3 vol.

Attentat contre le Premier Consul.

480. Procès instruit et jugé au Tribunal révolutionnaire, contre Jacques-René Hébert, rédacteur du journal intitulé le *Père Duchesne*, Ronsin, Vincent et autres conspirateurs. In-8, cart.

Exemplaire interfolié et couvert de notes autographes de la main du savant bibliophile Edouard Carteron.

481. Procès des conspirateurs Hébert, Ronsin, Vincent et complices. An II, in-18, d.-rel. mar. roug., fig.

Avec des vers autographes de M. de Beauchesne.

482. Procès de Joseph Lebon. *Amiens*, s. d. (an IV),

2 vol. in-8 rel. en un, dem.-maroq. roug. (*Portr. ajouté.*)

483. Débats du procès instruit par la Haûte Cour de justice contre Drouet, Babœuf et autres. *Paris, Imprimerie nationale*, an V, 4 vol. in-8, d.-rel. mar. r.

484. Conspiration pour l'égalité, dite de Babœuf, par Buonarroti. *Bruxelles*, 1828, 2 part. en 1 vol. in-8, cart., n. rogn.

485. La Police de Paris dévoilée, par P. Manuel. L'an second de la Liberté, 2 vol. in-8, fig., bas.

486. Bagnes, Prisons et Criminels, par B. Appert. *Paris*, 1836,'4 vol. gr. in-8, fig., rel. en 2, dem.-maroq., n. rogn.

Hommage de l'auteur à M. de Beauchesne.

487. Mémoires de l'exécuteur des hautes œuvres pour servir à l'histoire de Paris, par Grégoire. *Paris*, 1830, in-8, d.-rel. v. r.

§ 6. — FINANCES, ÉCONOMIE POLITIQUE, ÉDUCATION, ETC., ETC.

488. Finances, trésorerie nationale, agriculture, commerce des grains, monnaies, assignats, etc. Environ 45 pièces in-8, br., de 1770 à 1795.

489. De l'Administration des finances de la France, par M. Necker. 1784, 3 vol. in-8, rel. maroq. r, tr. d.

Deux pièces de vers autographes de M. de Beauchesne; l'une décrit l'exemplaire, l'autre est une épigramme que voici :

Quand devant Dieu parut avec effroi
Necker, toujours parlant de conscience,

> Le Seigneur lui dit : « Réponds-moi,
> Necker, qu'as-tu fait de la France ?
> — J'ai laissé le peuple sans roi
> Et le royaume sans finance. »

490. Collection complète de tous les ouvrages pour et contre M. Necker. *Utrecht,* 1781, 3 vol. in-8, rel. v. fauv., fil., tr. dor., fig.

> Le tome III est orné d'une figure représentant une conversation entre Mme Necker et la duchesse de Polignac.

491. Necker. 13 p. in-8, br.

> Vie privée et ministérielle de M. Necker. 1790. — L'Astuce dévoilée. — Necker jugé par le tribunal de la Lanterne. 1789. — Confession générale de M. Necker et de l'Assemblée nationale. 1790.

492. Le Livre rouge, ou Liste des pensions secrètes sur le Trésor. *De l'Impr. royale,* 1790, 9 liv. in-8, n. rel. (*Impr. en roug.*) — Livre rouge. *Paris,* 1790, in-8, 39 pag., br. — Ens. 2 p.

493. La Cassette verte de M. de Sartine, trouvée chez Mlle du Thé. *La Haye,* 1779, in-8, rel. v. rac. (*Armes.*)

494. Inventaire des diamants de la couronne. *Paris, Imp. nationale,* 1791, 2 part. en 1 vol., rel. maroq. v., fil., tr. dor. (*Aux armes de France.*)

495. La République française en 84 départements. 1793. — Dictionnaire hydrographique de la France. 1782. — Ens. 1 vol. in-8, d.-rel.

496. Dictionnaire géographique et méthodique de la République française en CXX départements. *Paris, chez Prudhomme,* an VII, 2 vol. rel. en un, in-8, fig., d.-rel. maroq. bl., n. rogn.

> Six vers autographes signés de M. de Beauchesne.

497. Nouveau Dictionnaire français, à l'usage de toutes les municipalités, les milices nationales et de tous les patriotes, composé par un aristocrate. *En France, d'une imprimerie aristocratique*, 1790, in-8, cart., n. rogn.

498. Cote de l'état civil des citoyens, ou Recueil chronologique des décrets rendus jusqu'à ce jour sur les naissances, mariages, divorces et décès. An IX, in-12, d.-rel. v. f., n. rogn.

499. Codé des certificats de civisme, de résidence et de passeport. An II, in-18, d.-rel. v. f.

5oo. De la Législation sur le mariage et sur le divorce, par André Nougarède. *Paris*, 1802, in-8, broch.

5o1. Réflexions, Observations et Pensées diverses sur l'éducation, rédigées et mises en œuvre dans la maison d'arrêt de Vitry-sur-Marne. L'an second de la République française (1794), vieux style, Ms. in-4, 231 p., rel. mar. vert., fil., tr. dor. (*Rel. anc.*)

Ce précieux manuscrit a été composé dans les prisons de la Terreur par un ancien président de présidial.

5o2. Leçons d'une gouvernante à ses élèves, ou Fragments d'un journal qui a été fait pour l'éducation des enfants de M. d'Oriéans, par Mad. de Sillery-Brulart. *Paris*, 1791, 2 vol. in-8, v. rac.

5o3. La Bonne Mère, contenant de petites pièces dramatiques entre la bonne mère et ses deux filles, par M. Perrin. *Londres*, 1786, in-12, rel. mar., fil., tr. dor.

5o4. Les Françaises, ou XXXIV Exemples choisis dans les mœurs actuelles, propres à diriger les filles, les femmes, les épouses et les mères (par Restif de La Bretonne). *A Neufchatel*, 1786,

4 vol. in-12, rel. bas. (*Nombreuses et curieuses figures.*)

505. Livre indispensable aux enfants de la Liberté..., avec figures. *Paris*, an II, in-18, demi-rel. v.

506. La Science sans-culotisée. Premier essai sur les moyens de faciliter l'étude de l'astronomie..., par le cit. Duremps. An II, in-8 carré, n. rogn. — Théorie des équivalents, trad. de M. Craufurd. *Rotterdam*, 1794, in-8, rel. mar. roug., fil. comp., tr. dor. — Ens. 2 vol. in-8.

507. Aphorismes de M. Mesmer, ouv. mis au jour par M. Caullet de Veaumorel, méd. de la maison de Monsieur. *Paris*, 1785, in-8, demi-rel. mar. rouge, n. rogn.

§ 7. — Histoire militaire.

508. Recueil des fortifications, forts et ports de mer de France. *Paris*, s. d., in-12, rel. bas., 89 *pl. grav*.

> Ouvrage ayant appartenu au duc d'Enghien. On lit sur le frontispice ces mots d'une main contemporaine du premier Empire : *Qui que vous soyés, respectés cet héritage de S. A. S. Mgr le duc d'Enghien.*

509. Galerie des aristocrates militaires et Mémoires secrets. 1790, in-8, demi-rel. mar.

> Ouvrage composé, dit-on, par Dumouriez chez la sœur de Rivarol.

510. Instruction pour les gardes nationales. 1791, in-8, demi-rel., portr. de Louis XVI.

511. Correspondance du général Dumouriez avec Pache pendant la guerre de Belgique, 1792. *Paris*, 1793, in-8, cart., n. rogn.

512. Mémoires du général Dumouriez, écrits par
lui-même, deux parties en un vol. *Paris*, an III,
in-12, bas.

513. Mémoires du général Dumouriez écrits par
lui-même. *Londres*, 1794, 2 part. en 1 vol. in-8,
cart., n. rogn. — Tableau spéculatif de l'Europe. *Londres*, 1798, in-8, demi-rel.

514. Le Général Dumouriez et la Révolution fran-
caise, par Ledieu. *Paris*, 1826, in-8, demi-rel.
mar. La Val.

>Volume illustré d'environ 100 gravures ou portraits, avec une
notice sur le général Dumouriez par M. de Beauchesne.

515. Campagnes des Français, depuis le 8 septembre 1793 jusqu'au 15 pluviôse an III. *Paris*,
messidor an III. — Second Tableau des campagnes des Français. — Tableau des guerres, depuis la naissance de Louis XIV jusqu'en 1810,
par Bordes. 1813, 2 vol. — Ens. 3 vol. in-18 ou
in-12, demi-rel. v.

516. Mémoires du général Custine, rédigés par un
de ses aides de camp. *Hambourg*, 1794, 2 vol.
in-12 en un, demi-mar. roug., portr.

517. Vie privée, politique et morale de L.-N.-M. Carnot. *Paris*, 1816, in-12, demi-rel. mar. roug. —
Carnot, par M. N. Rioust. *Paris*, 1817, in-8,
cart., n. rogn. — Ens. 2 vol.

518. Vie de Lazare Hoche, général des armées de
la République, par Alexandre Rousselin. *Paris*,
an VIII, in-12, rel. mar. roug., fil., tr. dor.,
portr.

>Trois feuillets, vers et prose, autographes signés de M. de
Beauchesne.

§ 8. — Histoire des départements.

519. Provinces de France et étranger, environ 120 pièces relatives aux événements qui ont eu lieu dans les provinces pendant la Révolution.

Dans ce lot se trouve un certain nombre de pièces relatives aux rapports de la France avec les puissances étrangères.

520. Voyage dans les départements nouvellement réunis, par A. Camus. *Paris*, an XI, 1803. — Résumé de l'histoire des guerres de la Vendée. *Paris*, 1826, 2 vol. in-18, demi-rel.

521. Recueil de pièces authentiques servant à l'histoire de la Révolution à Strasbourg. *Strasbourg*, *s. d.* (an IV), in-8, demi-rel. v.

Figure in-folio représentant le pillage de l'hôtel de ville de Strasbourg.

522. La Rive gauche du Rhin, limite de la République française. *Paris*, an IV, in-8, fig., demi-rel. maroq. v., vign. (*Trois cahiers.— Complet. — Rare.*)

523. Les Secrets de Joseph Lebon et de ses complices, deuxième censure républicaine, par Guffroy. L'an troisième, in-8, demi-rel.

Avec une notice sur Guffroy par M. de Beauchesne.

524. Les Angoisses de la mort, ou Idées des horreurs des prisons d'Arras, par les citoy. Poirier et Montgey. *Paris*, an III. — Atrocités commises envers les citoyennes ci-devant détenues dans la maison d'arrêt d'Arras, par les mêmes. Demi-rel. v. rose, n. rogn.

17 figures sur onglets, scènes de Prudhomme, portraits de Bonneville, etc. — 1 poëme par M. de Beauchesne, autographe signé. Recueil factice précieux.

525. Messe des sans-culottes chantée à la Belle-Tours de Reims (Bibliothèque de l'amateur rémois). *Reims*, 1854, in-18, rel. mar. pl., fil., dent., tr. dor.

Tiré à petit nombre. Cet exemplaire est orné d'un dizain de la main de M. de Beauchesne.

526. Tableau des prisons de Blois. *Blois*, an III, in-8, br.

527. La Loire vengée, ou Recueil historique des crimes de Carrier et du Comité révolutionnaire de Nantes. *Paris*, an III, 2 vol. in-8, demi-rel., *portr. et grav.*

528. Histoire politique et militaire du peuple de Lyon pendant la Révolution, par Alph. Balley-dier. *Paris, Curmer*, 1845, 2 vol. gr. in-8 rel. en un, demi-mar. roug.

529. Mémoires pour servir à l'histoire de la ville de Lyon, par l'abbé Guillon. *Paris, Baudouin*, 1824, 2 vol. in-8, demi-rel., portr.

Exemplaire avec une notice historique et biographique de trois pages de M. de Beauchesne.

530. Les Crimes des Jacobins à Lyon, depuis 1792 jusqu'au 9 thermidor an II, par le citoy. Mau-rille, de Lyon. *Lyon*, an IX (1801), in-12, fig., demi-rel. v.

531. Tableau des prisons de Lyon, pour servir à l'histoire de la tyrannie de 1792-93, par Delan-dine. 1797, in-12, fig., d.-rel., n. rogn.

532. Lyon en 1793. Procès-verbaux inédits du Comité de surveillance de la société des Droits de l'homme, l'une des 32 sections de cette commune. *Lyon*, 1847, très-nombreux *fac-simile*, gr. in-8, d.-rel. v. f. — Le Peuple de Ville-Affranchie à la Convention. *Lyon*, 1846, 16 p. in-4. (*Réimpres-*

sion tirée à petit nombre.) — Ens. 2 vol. in-4.

M. de Beauchesne a placé devant le premier de ces livres un exemplaire autographe et signé d'une ode à la ville de Lyon.

533. Histoire du siége de Lyon, des événements qui l'ont précédé (par l'abbé Aimé Guillon). *Paris,* 1797, 2 vol. in-8 rel. en un, dem.-bas.

534. Le Siége de Lyon, suivi de poésies diverses, par Ch. Massas. *Lyon,* 1827, in-18, p. vél. teint., d.-rel. mar. r.

535. Lyon avant, pendant et après la Terreur. 20 p. in-8.

Assemblée des trois ordres de la ville de Lyon. — Caisse patriotique de Lyon. 1790. — Détail des événements arrivés à Lyon. 1790. — Lettre des gardes nationales de Lyon aux gardes nationales de tout le royaume. — Laussel, procureur de la ci-devant ville de Lyon, à ses concitoyens, etc., etc. — Récit sanglant de ce qui s'est passé à Lyon. — Discours du citoyen Salomon, maire de Lyon. 1795. — Arrêt du bureau central du canton de Lyon. — Les Citoyennes de Ville-Affranchie aux représentants du peuple. — Tableau de Lyon en 1786, par Grimod de La Reynière. — Tableau des administrateurs du département des Bouches-du-Rhône. — Etc., etc.

536. Histoire du terrorisme dans le département de la Vienne, par C. Thibeaudeau. *Paris,* an II, in 8, br.

537. Provence et le Midi de la France. Environ 125 pièces in-8 et in-4, br.

Dans ce lot, il y a environ 90 pièces relatives aux événements qui ont eu lieu à Marseille et à Avignon. Les autres pièces touchent en grande partie le nord de la France.

538. Mémoire historique sur la réaction royale et sur les massacres du Midi, par le citoyen Fréron. An IV, in-8, d.-rel., cart.

539. Histoire des révolutions des villes de Nismes et d'Uzès, par Ad. de Pontecoulant. *Nismes,* 1820, in-8, cart., n. rogn.

540. Marseille depuis 1789 jusqu'en 1815, par un vieux Marseillais (Lautard). *Marseille*, 1844, 2 vol. in-8, d.-rel. v. v.

541. Révolution de Toulon, en 1793, pour le rétablissement de la monarchie, par le vicomte Gauthier de Brécy. *Paris*, 1828, in-8, portr. (*Hommage autographe signé de l'auteur.*)

542. Mémoires pour servir à l'histoire de la ville de Toulon en 1793, par Z. Pons. *Paris*, 1825, in-8, port., d.-rel. bas.

543. Guerre de la Vendée et des Chouans, par Lequinio *S. d.*, in-8, d.-rel. bas.

544. Guerres des Vendéens et des Chouans contre la République française, par un officier supérieur des armées de la République. *Paris, Baudoin*, 1824, 6 vol. in-8, rel., dos et coins maroq bl., n. rogn. (*Cartes.*)

545. Précis historique de la guerre civile de la Vendée, depuis son origine jusqu'à la pacification de la Jaunaie, par Berthre de Bourniseaux. *Paris*, 1802, in-8, fig., d.-rel. bas.

546. La Vendée à trois époques, de 1793 jusqu'à l'Empire 1815-1832. *Paris*, 1840, 2 vol. in-8, d.-rel. maroq., n. rogn. (*Hommage de l'auteur.*)

547. Mémoires de Billard de Vaux (Alexandre), ancien chef vendéen, ou Biographie des personnes marquantes de la Chouannerie. *Paris, Lecointe*, 1832, 3 vol. in-8, d.-rel. maroq. roug.

548. Vie de Mme la marquise de Larochejacquelin, par M. Alfred Nettement. *Paris*, 1858, in-12, d.-rel. maroq bl.

549. Réfutation des calomnies publiées contre le général Charette, par Lebouvier-Desmoutiers.

Paris, 1809, 2 part. en 1 vol. in-8, d.-rel. v. fauv.,
n. rogn.

§ 9. — HISTOIRE DES AFFAIRES ÉTRANGÈRES.

550. Acte d'indépendance des États-Unis d'Amérique, et Constitution de la République française. An III, en français, anglais, allemand et italien, in-8, d.-rel. maroq. r.

551. Vie de Benjamin Franklin, écrite par lui-même, traduite par Castera. *Paris*, an VI, 2 vol. in-8, portr., cart.

552. Annales du règne de Marie-Thérèse, par l'abbé Fromageot. 1775, in-8, rel. v. éc., fil.

> Portrait. — Fleurons et vignettes de Moreau. — Exemplaire fatigué.

553. De la Monarchie prussienne, par Mirabeau. *Londres*, 1788, 8 vol. in-8 et atlas in-f., rel. v. marbr., fil.

554. Rapports de l'Angleterre avec la Révolution française. 8 vol. in-8, rel.

> Alliance des Jacobins de France avec le ministère anglais. *Paris*, an XII. — Le Club des jockeys, ou portraits des principaux personnages de l'Angleterre. 1792. — Lettre d'un Français à M. Pitt.— Est-il possible de faire la paix avec l'Angleterre? — Le Peuple anglais, bouffi d'orgueil, de bière et de thé. 1803. — L'Urne des Stuarts et des Bourbons, par Pithou. 1815. — Histoire de la République d'Angleterre. — Etc., etc.

555. Georges Dandin, ou Michelle matrimoniale de la reine d'Angleterre. *Paris*, 1820, in-8, fig., maroq. r., dent., fil., tr. dor.

> Au chiffre de M. de Beauchesne.

4

556. Les Grandes et Incomparables Aventures de
milord Ptit, de herr Rodomont-Mic-Mak... Ventôse an VII, 2 vol. in-8, d.-rel. chagr., n. rogn.

557. Mémorial de Gouverneur Morris, trad. de
Jand Sparks, par Augustin Gandais. *Paris*,
1842, 2 vol. in-8, d.-rel. maroq. viol.

558. Les Masques arrachés, histoire secrète des
révolutions et contre-révolutions du Brabant
et Liége, par Jacques Lesueur. *Amsterdam*,
1791, 2 tom. en 1 vol. in-18, v. f., fil., tr. dor.

Aux armes de M. de Beauchesne.

559. Tableau historique et politique de la conduite
de la France envers les Genevois, de 1792 à
1795, par Fr. d'Ivernois. *Londres*, 1795, in-8,
cart.

560. Acte d'indépendance des Etats-Unis d'Amérique, et Constitution des Républiques française,
cisalpine et ligurienne, dans les quatre langues
fr., all., angl. et ital. *S. l. n. d.*, in-8, d.-rel.
maroq. La Vall.

561. Crimes des cabinets, ou Tableau des plans et
des actes d'hostilité formés par les diverses puissances pour anéantir la liberté de la France.
Hambourg, 1801, in-8, br.

III. — POÉSIES.

562. Les Philippiques, odes, par Lagrange-Chancel.
Paris, an VI (1798), in-12, pap. vél., cart., non
rogn.

563. Almanach des Muses, de 1765 à 1829. 60 vol.
in-18, rel. v. gr.

564. Tangu et Félime, poëme, par La Harpe.
(*Vignette de Marillier*.) — La Guzmanade. 1778.
— Ens. 1 vol. in-8, demi-rel. vél.

565. Organt, poëme en vingt chants (par Saint-
Just). *Au Vatican*, 1789, 2 vol. in-18 rel. en un,
v. gr., tr. dor. (*En un, rare*).

566. Poésies, Hymnes et Chansons sur la Révolution. 20 pièces in-8, br.

567. Poésies révolutionnaires et contre-révolution-
naires. *Paris*, 1821, 2 vol. in-12 rel. en un, dos
et coins mar. r., non rogn., portr.

568. Noëls civiques et patriotiques. 1792. — Almanach républicain chantant, pour l'an II. —
Nouveau Recueil d'hymnes civiques. An III. —
Chansonnier des amateurs. — Ens. 4 vol. in-18
et in-32, demi-rel.

569. La Guerre constitutionnelle, poëme héroï-
tragi-lyri-patrioti-burlesqui-comique. *Paris, s. d.*,
in-18, cart.

570. Étrennes au beau sexe, ou la Constitution
française mise en chansons. *Paris, de l'impr.
royale*, 1792, in-18, cart.

571. La Constitution en vaudevilles, par Mar-
chant. *Paris*, 1792, in-32, fig., rel. mar. bl. pl.,
dent., tr. dor.

572. Étrennes en vaudevilles législatifs. *Paris*,
1793, in-18, fig., demi-rel. v.

573. La République en vaudevilles. *Paris*, 1793,
in-18, fig., rel. v. rac. (*Fers aux embl. révolut.*)

Pièce de vers autographe signée de M. de Beauchesne.

574. La France républicaine, ou le Miroir de la

Révolution française, poëme en dix chants, par François Pagès. *Paris*, 1793, in-8, br.

575. Les Veillées du couvent, ou le Noviciat d'amour, poëme érotico-satirique en prose, par C. F. X. M. D. C. (Claude-François-Xavier Mercier de Compiègne). *Paris*, 1793. — Origine des puces et le. ... conquis, poëmes libres. *Paris*, 1793, fig. — Ens. 2 vol. in-18 rel. en un, v. fauv., fil., dent., tr. dor. (*Trautz-Bauzonnet.*—*Exempl. de la biblioth. Cigongne.*)

576. Nouveau Chansonnier patriote. *Lille*, an II, in-18, portr., demi-rel. mar. r.

577. Nouveau Chansonnier patriote. *Lille*, an II, in-18, demi-rel. v. fauv.

578. Le Chansonnier de la Montagne. *Paris*, an II, vignette color., in-18, demi-rel. v.

579. Le Chansonnier de la Montagne, ou Recueil de chansons, vaudevilles,.... *Paris*, an III, in-18, fig., demi-rel. bas.

580. L'Entrée de Danton aux Enfers, poëme inédit de Salle, publié d'après le manuscrit inédit, par G. Moreau-Chaslon. *Paris*, 1865, in-18, pap. vél., demi-rel. mar. r.

> Tiré à 150 exemplaires.

581. Essais en vers et en prose, par J. Rouget de Lisle. *Paris*, 1796, in-8, pap. vél., demi-rel. mar. n., non rogn.

> Vers de M. Beauchesne sur la *Marseillaise*. — Musique gravée à la fin du volume.

582. L'Ange des prisons (Louis XVII), élégie, par M. Regnault de Warin. *Paris*, 1817, in-8, fig. — Preuves authentiques de la mort du jeune Louis XVII, par Antoine (de Saint-Gervais). *Paris*, 1831, 2 vol. in-8, demi-rel. bas.

583. Les Concerts républicains, ou Choix lyrique
et sentimental. *Paris*, an III (1795), in-18, demi-
rel. v.

> « La gravure élégante orne cet opuscule, » dit M. de Beau-
> chesne dans un poëme autographe signé placé en tête de ce livre,
> qui est en effet illustré de quatre vignettes de Queverdo.

584. Pie VI et Louis XVIII...., par M.-J. Chénier. *Paris*, an VI, in-18, demi-rel. v., non rogn.

585. La Libertéide, ou les Phases de la Révolution,
tableaux héroï-lyriques, par Moussard. *Paris*,
1802, in-8, cart., non rogn., portr.

586. Napoléon en Egypte, Waterloo et le fils de
l'homme, par Barthélemy et Méry. *Paris, Bour-
din*, gr. in-8, fig., rel., dos et coins maroq. roug.,
tr. sup. dor., n. rogn.

587. Charlotte Corday et Mme Roland, par
Mme Louise Collet. *Paris*, 1842, in-8, portr. et
fac-simile, cart., n. rogn.

> Exemplaire sur grand papier.

588. Marie-Antoinette, poëme historique, par Mo-
nier de La Sizeranne. *Paris, Amyot*, 1859, in-8,
portr., dem.-rel. maroq. bl.

> Hommage de l'auteur.

IV. — THÉATRE.

589. Nephté, tragédie, par Hoffman. — Antigone,
par Marmontel. *Paris*, 1790, 2 vol. in-4, maroq.
roug., fil., dent., tr. dor., doubl. de tabis. (*Aux
armes du comte de Provence.*)

590. Pièces de théâtre de 1760 à 1788. 72 pièces
in-8, br.

591. THÉATRE. Période révolutionnaire, de 1789 à 1799. 220 p. in-8, br.

> La mention des pièces qui composent cette riche collection exigerait trop d'espace ; nous ne pouvons la donner.

592. Théâtre de la Révolution. 8 p. in-8.

> Panurge dans l'isle des Lanternes, comédie lyrique en trois actes. — Charles IX, par Marie-Joseph Chénier. 1790. — L'Ami des lois, par Laya. 1793. — Les Précepteurs, comédie. An VIII. — Le Massacre de la Saint-Barthélemi. 1823. — Emile, par le Cousin-Jacques. — Etc., etc.

593. Théroigne et Populus, ou le Triomphe de la démocratie, drame national, en vers civiques. *London*, 1790, in-8, dem.-rel. maroq. roug.

> Cette tragi-comédie est précédée d'un précis satyrique sur la vie de Théroigne de Méricourt.

594. L'Attentat de Versailles, ou la Clémence de Louis XVI, tragédie. *A Genève*, 1790. — Le Souper des Jacobins, comédie en 1 acte, en vers, par Armand Charlemagne. 1797. — 2 p. in-8.

595. La Chaste Suzanne, vaudeville en deux actes. In-8, cart., n. rog.

> On jouait cette pièce pendant le procès de Louis XVI, dit M. de Beauchesne dans une note de sa main jointe à cet exemplaire.

596. Louis XVI, tragédie en vers et en cinq actes. *En Allemagne*, mars 1793, in-8, dem.-rel. maroq., n. rogn.

> Sur la garde, cette note autographe signée de M. de Beauchesne :
> « La tragédie grecque a-t-elle rien de comparable à ce drame de nos annales ? Qu'est-ce qu'Agamemnon vulgairement égorgé, auprès de ce roi de France solennellement couché sous le couteau de la Convention ? Astyanax, précipité des tours d'Ilion, peut-il être comparé au fils des grands rois, lentement abruti par un misérable ? La veuve de Priam se crevant les yeux, qu'est-elle auprès de la veuve de Louis XVI raccommodant sa robe blanche pour monter à l'échafaud ?
> « A. DE BEAUCHESNE. »

597. Louis XVI, ou l'Ecole des peuples, tragédie en cinq actes, par le chevalier de Fonvielle. *S. d.* (1816), in-8, rel. v. v., fil. (*Armes de la duchesse de Berry*.)

Exemplaire de la bibliothèque de Rosny.

598. Elisabeth de France, sœur de Louis XVI, tragédie en trois actes et en vers. *Paris,* 1797, in-12, frontisp., rel. v. pl. bl., tr. dor.

Quatrain autographe de M. de Beauchesne.

599. Charlotte Corday, ou la Judith moderne, tragédie en trois actes et en vers. *Caen,* 1797, in-8, br.

600. Charlotte Corday, ou la Judith moderne, tragédie en trois actes et en vers. *A Caen,* 1797, in-18, cart., n. rogn.

601. Charlotte Corday, tragédie en cinq actes et en vers, par J.-B. Salles, publiée par G. Moreau Chaslon. *Paris, Miard,* 1864, gr. in-8, rel., dos et coins maroq. bl., tr. sup. dor., non rogn.

Exemplaire sur grand papier de Hollande (hommage de l'auteur), illustré de 23 figures : portraits, scènes, *fac-simile.* (Recueil précieux.)

602. La Mort de Danton, drame par Pierre de Lyon (Alexis Rousset). *Paris,* 1839, in-8, d.-bas.

603. Collot dans Lyon, tragédie en vers et en cinq actes, par M. Fonvielle aîné, de Toulouse. An III de la République, in-8, dem.-rel. chagr.

604. Théâtre républicain, posthume et inédit de L.-B. Picard. *Paris,* 1832, in-8, cart., n. rogn.

605. Théâtre de 1800 à 1809. 150 pièces in-8, br.

V. — ALMANACHS.

606. Almanachs royaux et nationaux de 1755 à 1829. 20 vol. in-8.

> Les années 1755 à 1786, plus 1789, 1791, 1808-1809, 1812, 1828, 1829, sont reliées en maroquin.

607. ALMANACH NATIONAL DE FRANCE, ANNÉE COMMUNE MDCCXCIII, l'an II. *Paris,* in-8, dem.-rel. maroq. rouge, étui.

> Ce volume porte au titre la signature autographe : *Robespierre.*
> A propos de cette signature, M. de Beauchesne a placé dans ce volume la note suivante :
> « L'année 1793 a passé comme toute autre.
>
>   « FEUILLET DE CONCHES. »
>
> > N'en déplaise à monsieur Feuillet,
> > Jamais, sans trouble et sans malaise,
> > Je n'ai pu tourner le feuillet
> > De l'Almanach de mil sept cent quatre-vingt-treize.
> > Toujours sous un mirage étrange, éblouissant,
> > Ce livre en tournoyant dansait sous ma paupière
> > Et me lançait, avec le nom de Robespierre,
> > Des éclaboussures de sang.
>
> « Ce livre a appartenu à Robespierre, dont le titre de l'Almanach porte la signature. »

608. Almanach de Versailles pour l'année 1789. In-18, mar. r., tr. d., fil.

> Aux armes de France.

609. Almanach des patriotes français. *Paris,* 1790, in-18, dem.-rel. v.

610. L'Almanach des métamorphoses nationales pour l'année 1790. In-18, cart., n. rogn.

611. Étrennes aux Parisiens patriotes, ou Almanach militaire national de Paris, rédigé par MM. Bretelle et Alletz, soldats citoyens. *Paris,* 1790, in-12, demi-rel. mar., n. rogn.

612. Étrennes à la vérité, ou Almanach des aristocrates. 1790, in-8, demi-rel., d. et c. v. gr.

613. Almanach des députés à l'Assemblée nationale. 1790, in-12, demi-rel.

614. Étrennes à la vérité, ou Almanach des aristocrates, pour la présente année 1790. In-8, demi-
rel. mar. (*Deux caricatures.*)

615. Maison philanthropique. Le Roi-chet et pro-
tecteur. Calendrier. 1790, in-12, rel. mar. roug.,
fil., doubl. de tabis, tr. dor. (*Aux armes de
France.*)

616. Almanach des demeures des ci-devant nobles,
résidents à Paris. *Paris*, 1791, in-32, demi-rel.
v. fauv.

617. État militaire de France pour l'année 1791.
Paris, 1791, in-12, rel. mar. vert, fil., tr. dor.
(*Rel. anc. — Aux armes de France.*)

618. Almanach général du département de Paris
pour l'année 1791, déd. à M. Bailli, maire.
Paris, 1791, in-12, rel. V. ant., fil. (*Armes de
France.*)

619. Mes Étrennes aux douze cents, ou Almanach
des députés à l'Assemblée nationale. 1791, in-12,
demi-mar. viol., n. rogn.

620. Almanach des honnêtes gens. 1792, fig. —
— Le même. 1797, fig. — Ens. 2 vol. in-18,
demi-rel. mar.

621. Almanach des émigrants. *Coblentz*, 1792,
in-18, fig., rel. v. pl., fil., tr. dor.

622. Almanach historique et critique des députés.
A Coblentz, 1792, in-12, curieuse figure, demi-
rel. mar. roug.

623. Les Lubies d'un aristocrate. Almanach nouveau pour l'année 1792. *Paris*, in-18, demi-rel. v.

624. Almanach national de France pour l'an second de la République française. In-8, v. r.

625. Annuaire du républicain, ou Légende physico-économique, par Millin. *Paris*, an II, in-12, fig., v. f., fil.

>   Aux armes de M. de Beauchesne.

626. Annuaire du cultivateur pour la troisième année de la République, présenté le 30 pluviôse de l'an II, par G. Romme, représentant. *Paris*, an III, in-8, demi-rel. v. fauv., n. rogn, vignette de Le Barbier.

627. Almanach des aristocrates. *Rome*, l'an III de la Barnavocratie, in-18, demi-rel. v., n. rogn.

>   Le frontispice est remonté ; sur la garde une pièce de vers autographe signée de M. de Beauchesne.

628. Almanach des honnêtes gens, contenant des prophéties pour chaque mois de l'année (par Sylvain Maréchal). 1793, in-18, fig., cart., n. rogn.

>   La première édition de cet opuscule, qui parut en 1788, fut brûlée par le bourreau et l'auteur enfermé à Saint-Lazare pendant quatre mois.

629. Dieu soit béni. Almanach national pour l'année 1793. *Lyon*, 1793, in-12, demi-rel. v.

630. Almanach historique... *Paris*, 1793, in-18, demi-rel. mar. v., n. rogn.

>   Pièce de vers autographe signée de M. de Beauchesne, relative à ce livre.

631. Étrennes du moment, ou Almanach des sans-culottes. *Paris*, 1793, in-18, fig. à l'eau-forte, demi-rel. v., n. rogn.

632. Almanach des spectacles, de 1774 à 1793. 15 vol. in-18, rel. v. et mar.

633. Das goldene Jahrhundert, oder Maria Theresia
und Friedrich. *Augsburg*, 1779, in-12, portr. et
front. grav., rel. en soie fleurdelisée, tr. dor., dans
un étui du temps, mar. roug. fleurdelisé.

> Ce livre, au témoignage de **M.** de Beauchesne, a appartenu à
> la reine Marie-Antoinette.

634. Almanach des patriotes. 1790. — Précis de
l'histoire de la Révolution, par Rabaut. *Paris*,
1792. — De l'Insurrection parisienne, par du
Saulx. 1821. — 3 vol. in-12, cart., n. rogn., ou
rel. en v. ant.

635. Calendrier des républicains français. An II. —
Nouveau Calendrier pour la deuxième et la troisième année de la République. — Almanach des
honnêtes gens. 1793, fig. — Almanach des gens
de bien pour l'année 1797. — Calendrier des vrais
et des faux assignats. — Etc., etc. — Ens. 9 vol.
in-18, demi-rel. mar.

636. Almanach du peuple pour l'année 1792, par
Dusaulchoy. Fig. — Almanach des gens de bien.
Années 1795 et 1797, fig. — Étrennes religieuses.
Bruxelles, 1798. — Ens. 4 vol. in-18, cart.,
n. rogn.

637. Étrennes de la vertu pour l'année 1793.
Paris, 1793, in-12. — Étrennes aux amateurs du
bon vieux temps, pour l'année de grâce 1795.
In-18. — Ens. 2 vol., demi-rel. v.

638. Le Guide national, ou l'Almanach des adresses
à l'usage des honnêtes gens. L'an dernier de la
despotico-jacobinocratie (an III), in-18, rel.
v. rac., tr. dor.

> Ouvrage satyrique plein de renseignements piquants et peu
> connus sur la société de l'an III.

639. Almanach des honnêtes gens de 97. 1797, fig.
— Almanach des gens de bien, par Montjoye.

1795, fig. — Almanach des gens de bien. 1797, fig. — Ens. 3 vol. in-18, broch. ou rel. demi-mar.

640. Révolutions Almanach von 1793-1802. — Friedens Almanach von 1803. — Friegs und friedens Almanach von 1804. — 12 vol. in-18, demi-rel. bas, fig.

641. Almanach du père Gérard pour l'année 1792. Fig. — Les Veillées de la bonne mère Gérard, traduites du bas-breton. *Paris*, 1792.—Ens. 2 vol. in-32, rel. en v. gauf., tr. dor. (*Wagner*.)

642. Almanach du père Gérard pour l'année 1792, par J.-M. Collot-d'Herbois. *Paris*, 1792, in-32, rel. maroq. roug., fers à emblèmes révolutionnaires, n. rogn.

> Pièce de vers aut. sign. de M. de Beauchesne intitulée : « le Père Gérard à Collot-d'Herbois. »

643. Almanach des républicains, pour servir à l'instruction publique, par V. Sylvain Maréchal. In-18, dem.-rel. v.

644. Calendrier des républicains, rédigé par Sylvain Maréchal. 1793, in-32, fig., dem.-rel. bas.

645. Almanach des aristocrates, ou Chronologie épigrammatique des apôtres de l'Assemblée nationale. *Rome*, an III, in-12, d.-rel., n. rog.

> Huit vers satiriques de M. de Beauchesne se trouvent sur la garde du vol.

646. Almanach de Saint-Domingue pour l'année commune. *Au Port-au-Prince*, 1795, in-18, dem.-rel. maroq. La Val.

> En tête, une pièce de vers de M. de Beauchesne, commençant ainsi :

Parmi les almanachs celui-ci se distingue :
Louis XVII y règne, et son oncle est régent.
Un jeune enfant captif, sans pouvoir, sans argent,
Est encore un monarque aux yeux de Saint-Domingue.

. . . .

647. Almanach des bizarreries humaines (par
Bailleul). *Paris*, an V (1796), in-18, dem.-rel. v.

648. Almanach des bizarreries humaines, ou Recueil d'anecdotes sur la Révolution (par Bailleul).
Paris, an V (1796), in-18, v. f., tr. dor.

649. Almanach ou Abrégé chronologique de l'histoire de la Révolution..., par le citoyen Richer.
Paris, an IV (1796), in-18, cart.

   Epigramme aut. sig. de M. de Beauchesne, en tête de ce vol.

650. Les Vautours du xviiie siècle, ou les Crésus
modernes, par A.-A. Denis. Almanach. 1798,
in-18, fig., demi-rel. v. ant.

651. Etrennes aux amis du xviiie siècle, ou Almanach pour l'an de grâce 1798 (attribué à l'abbé
Aimé Guillon). *Paris*, an VII, in-18, fig., dem.-
rel. maroq. bl., n. rogn.

652. Almanach des mécontents, armés pour le roi.
De l'Imprimerie de l'armée royale, 1800, in-18,
portr., dem.-rel. chagr., n. rogn.

VI. — JOURNAUX.

653. Histoire des journaux et des journalistes de
la Révolution française (1789-1796), par Léonard
Gallois. *Paris*, 1846, 2 vol. gr. in-8, portr., demi-
rel. v. ant.

654. Le Père Duchesne d'Hébert, notice historique
et bibliographique sur ce journal. *Paris, France*,
1859, in-12, demi-rel. maroq. bl.

Avec une pièce de vers contre Hébert, par M. de Beauchesne, autogr. sign.

655. Mercure de France de janvier 1786 à janvier 1791. 61 vol. in-12, demi-rel. bas.

Armes de M. de Beauchesne.

656. Révolution française, analyse (table) du Moniteur de 1787 à l'an VIII. *Paris*, 1801-1802, in-4, dem.-rel. bas.

657. Les Actes des apôtres commencés le jour des Morts et finis le jour de la Purification, par Pelletier, Champcenetz, Rivarol, etc. *A Paris*, l'an o de la Liberté (1789 et ann. suiv.), n°s 1 à 240, fig., rel. v. ant. pl., fil.

Il faut 311 numéros.

658. Journal du diable, par Labenette. 1789, 70 n^{os} en 1 vol. in-8, dem.-rel.

Il faut 88 numéros à ce journal. Note de M. de Beauchesne.

659. La Sentinelle du peuple, affaires de Bretagne. 1788, 5 n^{os}, 1 vol. in-8, dem.-rel. maroq.

660. Sabbats jacobites, par Marchand. *Au Palais-Royal*, 1791, 50 n^{os}, 2 vol. in-8, fig., d.-rel.

Il faut 75 numéros. Note de M. de Beauchesne.

661. L'Orateur du peuple, par Fréron, de 1789 au 25 thermidor an III. 17 vol. in-8, d.-rel. maroq. rouge.

662. Journal général de la cour et de la ville (connu sous le nom de Petit Gautier) du 16 septembre 1789 au 10 août 1792. 18 vol. in-18, d.-rel.

Ce journal royaliste, rédigé par Brune et Gautier, est un des plus rares de la Révolution. Cet exemplaire est complet, et il est précédé d'une notice bibliographique par M. de Beauchesne.

663. L'Ami de la Révolution. Première... quarante

et unième Philippiques. 1789, 2 vol. in-8, rel.
v. rac.

> « Cet ouvrage doit avoir 57 numéros ou Philippiques. Cet
> exemplaire s'arrête à la quarante-unième Philippique, suivie de
> nouvelles étrangères : Assembl. nat. — Discours sur les abus
> dont le citoyen doit le plus désirer la réforme. — Eloge civique
> et funèbre de Mirabeau. » (Note de M. de Beauchesne.)

664. Le Fouet national du 22 septembre 1789
au.... 19 livraisons en 1 vol., cart. (*Complet.*)

665. Annales françaises de 1789 à 1790, par Sallier. 1822, 1 vol. in-8, demi-rel. maroq.

> Avec une note signée de M. de Beauchesne.

666. La Feuille villageoise, par Cerutti, Rabaut et
autres. De 1790 et 1791, 6 vol. in-8, dem.-rel.

667. L'Ami des patriotes, ou le Défenseur de la
Révolution, par Duquesnoy et autres. 1791,
7 vol. in-8, dem.-rel. bas.

668. Mémorial français, ou le Nouveau Pierre de
L'Estoile. *Paris*, 1791, 18 nᵒˢ.

> Journal inconnu à M. Deschiens, qui ne le mentionne pas
> dans sa « Bibliographie des journaux ».

669. Journal de Suleau. 1792, 12 nᵒˢ (*complet*),
in-8, rel. v. gr.

> Précédé de : *le Réveil de M. Suleau.* 1791.

670. L'Ami du peuple, par Marat. Nᵒˢ 1 à 398,
6 vol. — Journal de la République, par le même.
1792 à mars 1793, 155 nᵒˢ, 2 vol. — On a ajouté :
Les Députés des Bouches-du-Rhône à Marat. —
Epître à mon bon ami Marat. — Marat devant le
juge de paix. — Dénonciation des libelles intitu-
lés : l'Ami du peuple. 1791. — Ens. 7 vol. in-8,
cart., n. rog.

671. Le Sang de Marat, *fac-simile* des numéros

5o6 et 67o du journal l'*Ami du peuple*, teints du sang de Marat. *Paris*, 1865, 32 feuillets gr. in-8, figures.

Tiré à 5o exemplaires.

672. Le Défenseur de la vérité, ou l'Ami du genre humain, par Philippeaux. L'an II, 44 numéros, 2 vol. in-8, cart., non rogn.

Ce journal manquait à la collection de M. Deschiens. M. de Beauchesne a écrit une notice biographique en tête du premier vol. sur Philippeaux.

673. Le Vieux Cordelier, journal politique rédigé en l'an II, par Camille Desmoulins, suivi des Causes secrètes, par Vilate, en trois parties. *Paris, Baudouin*, 1825, in-8, d.-rel., non rogn.

674. L'Accusateur public (par Richer Serizy). 2 vol. in-8, d.-rel. v.

Manque le numéro 35. Le numéro 13 n'a jamais paru.

675. La Tribune publique, ou Journal des élections. *Paris*, 1797, 18 numéros, 6 vol. in-12, d.-rel. bas.

676. Journal des défenseurs de la patrie. L'an IV et l'an V, numéros 1 à 183, 1 vol. in-8, cart., non rogné.

Il y a des lacunes.

677. Correspondance des mécontens, du 19 mars à juin 1791. 28 numéros en 1 vol. in-8, br. (*Complet.*)

678. L'Eclaireur du peuple (par Lalande). An IV, 6 numéros in-8, cart., n. rog. (6 numéros sur 7), *piq. des vers.*

679. Les Candidats à la nouvelle législature. *Paris*, an V, in-8, d.-rel. v., non rogn.

4 numéros sur 5.

680. Courrier de Londres et de Paris, par M. de
Montcolier, du 12 juin 1802 au 30 septembre
1802. 36 numéros (*complet*), d.-rel. chagr. bl.

681. Journaux divers. Environ 65 numéros, dont :
Recueil des actions héroïques. 4 numéros. —
Journal des défenseurs de la patrie. — Etc.

VII. — PAMPHLETS ET FACÉTIES.

682. Recueil de contes (par le comte de Mirabeau).
Londres, 1780, 2 part. en 1 vol. in-8, v. éc., fil.,
figures.

683. La Chasse aux bêtes puantes et féroces qui,
après avoir inondé les bois, les plaines, etc., se
sont répandues à la cour et à la capitale. *A Paris, de l'imprimerie de la Liberté*, 1789, 2 part.
en 1 vol. in-8, d.-rel. mar., non rogn.

En tête, couplets aut. sign. par M. de Beauchesne.

684. Les Enragés aux Enfers, ou Nouveaux Dialogues des morts. 1789, d.-rel., 30 pag., non rogn.

685. La Boussole nationale, ou Aventures histori-
rustiques de Jaco, surnommé Henri quatrième,
laboureur, descendant du frère de lait de notre
bon roi Henri IV, recueillies par un vrai patriote. *De l'impr. de la Liberté, sur la place de
la Bastille*, 1790, 3 vol. in-8, front., d.-rel.
v. fauv.

686. Le Diable dans un bénitier et la Métamor-
phose du Gazetier cuirassé en mouche, par Pierre
Le Roux, ingénieur des grands chemins. *A Londres, s. d.*, in-8, rel. v. rac.

687. Naissance de très-haute, très-puissante et très-désirée Madame Constitution, comédie héroï-co-mico-lyrique, représentée aux Thuileries, par les célèbres comédiens de la patrie. 1790, in-8, mar. v., tr. dor., fil.

> Avec une grav. représentant la naissance de la Constitution de 1791. Exempl. aux armes de M. de Beauchesne.

688. Louis XIV au Manége. Dialogue entre Louis XIV, Lameth, Mirabeau..... *Aux Tuileries*, 1790, in-8, fig., d.-rel. chagr.

689. La Gaîté patriotique, ou Choix de bons mots, faits singuliers et de facéties ingénieuses, occasionnés par la Révolution. 1790, in-18, cart.

690. La Lanterne magique, ou le Fléau des aristocrates, étrennes d'un patriote. *Berne*, 1790, in-18, v. fauv., fil., dent. intérieure, tr. dor.

> Très-joli petit vol., orné de 12 grav., aux armes de M. de Beauchesne.

691. *Veni creator spiritus*, par un citoyen passif, suivie du *Pange lingua*. L'an de la *Liberté zéro*, in-18, d.-rel., 2 fig., non rogn.

692. Le roi Guiot, histoire nouvelle (par Vesque de Putlingen). 1791, in-18, d.-rel.

693. Le *Fiat lux* du chaos français (par l'abbé Hespelle). *A Bruxelles, s. d.*, in-8, cart., non rogn.

694. Les Etats généraux du Parnasse, de l'Europe, de l'Eglise et de Cythère, par Dorat Cubières. *Paris*, 1791. — Dorat Cubières à Jean Acton. 1792. — Les Abeilles, ou l'Heureux Gouvernement, poëme lu au lycée d'Egalité, le 4 juillet 1792, par Dorat Cubières. *Paris*, 1793. — Ens. 1 vol. in-8, d.-rel. bas.

695. Lettres b... patriotiques du Père Duchesne, par Lemaire. 1790, 400 numéros de 8 pag., 8 vol.

in-8, cart., non rogn. (*Bel exempl. complet.* —
Exemplaire de M. Solar.)

696. Pamphlets et Facéties. 10 p. in-8, br.

> Histoire de la conversion d'une dame parisienne (par Camille
> Jordan). *Paris*, 1792. — Le Peintre politique (par Billaud-
> Varennes). 1789. — Les Chevaux au Manége. 1789. — La
> Lanterne magique nationale (par Mirabeau). 1789. — Nouveau
> Dictionnaire français, composé par un aristocrate. 1790. —
> Recueil des (5) bulletins des couches de M. Target. 1790. —
> Le Fils de Balour à Persépolis. 1790. — La Nouvelle Lanterne
> magique. 1790. — L'Orateur des états généraux (par Carra).
> 1789. — Entretien curieux entre Guillaume Lefranc et Hercule ·
> de Sottancourt, duc de Sottenville, marquis de Montre-orgueil
> et de Sotpartout. 1789. — Confession d'un député, liste des
> péchés politiques de Louis de Gouy. 1791.

697. Eloge de quelque chose, suivi de l'Eloge de
rien. *Paris*, 1793, in-18, rel. mar. pl., fil., tr.
sup. dor., non rogn.

698. La République en vaudevilles. 1793, in-32,
d.-rel. v. r., fig.

> Avec quatre vers de M. de Beauchesne, bien appropriés à la
> Constitution.

699. La Constitution de la lune. Rêve politique et
moral, par le Cousin-Jacques. *Paris*, 1793, in-12,
cart., non rogn.

700. Pamphlets et pièces diverses, portant tous des
titres empruntés aux prières, aux hymnes, aux
proses ou aux cérémonies de l'Eglise, tels que l'*In-
troibo*, le *Credo*, le *Dies iræ*, le *Pater*, le *Te
Deum*, les *litanies*, le *Deus in adjutorium*, etc.
Ens. 19 p. in-8, br.

701. Pamphlets satiriques, mordants et plaisans
contre les hommes et les événemens, de 1789 à
1797, environ 95 pièces, br., dont : La Chasse aux
intrigants, fripons et voleurs. — Descente du
diable aux Enfers. — Contrat de mariage entre
demoiselle Noblesse et M. Tiers-Etat. — Tableau
de l'ordre des mouchards patentés. — Les Enra-

gés aux Enfers. — Procès criminel qui doit être jugé en cassation, de 25 millions de Français, contre une aventurière nommée Révolution. — La Puce à l'oreille du bonhomme Richard. — Mes amis, voici pourquoi tout va si mal. — Mes amis, voici comment tout irait bien. — Les Quatre Traîtres aux Enfers. — L'Aristocratie enchaînée. — Les Grandes Moustaches de Paris, etc.

702. Le Père Duchesne. 12 p. in-8, br.

La Colère du Père Duchesne à l'aspect des abus. 1789. — L'Ami des soldats. — Suite de l'Ami des soldats. — Les Vitres cassées. 1789. — Grande Armée du Père Duchesne. — Le Trône du Luxembourg renversé. 1799. — Réponse de Brise-fer, Dragon, au Père Duchesne. — Le Père Duchesne premier ministre. 1790. — Procès d'Hébert. 1794. — Etc.

703. Testament d'un électeur de Paris, par Louis-Abel Beffroy-Reigny (le Cousin-Jacques). *Paris,* an IV, in-8, br., portr.

704. Testament d'un électeur de Paris, par Louis-Abel Beffroy-Reigny (dit le Cousin-Jacques). *Paris,* an IV, in-8, cart., non rogn., portr.

705. Les Petites-Maisons du Parnasse, ouvrage comico-littéraire, par le Cousin-Jacques. *Bouillon,* ann. 1783-1784, exempl. gr. pap., in-8, d.-rel. maroq. v.

706. Prophéties de Jacques Brothers, ou la Connaissance révélée des prophètes et des temps. *Paris,* an IV, in-8, dem.-rel. bas.

707. Aneries révolutionnaires, ou Balourdisiana, Bêtisiana, etc. *Paris,* an X (1801), fig. col., in-12, dem.-rel. v. bl., non rogn.

708. L'Optique du jour, ou le Foyer de Montansier, par J. R....y (Joseph Rosny). An VII. — Les Aventures politiques du Père Nicaise (attribué à Frey, beau-frère de Chabot). 1793.—Institut national des sciences et des arts. An X. — Portefeuille français pour l'an XII. — Ens. 4 vol. in-18, cart., non rogn.

709. Portefeuille d'un talon-rouge. *Paris*, 1800, in-12, br.

710. Femininæana, par Marc-Antoine. An X (1801), fig. — Arliquiniana, jeux de mots de Dominique, par Malingreau. 1801, fig. — Harpagoniana, par Cousin d'Avalon. 1801, fig. — Ens. 3 vol. in-18, d.-rel. maroq. bl.

711. L'Ane promeneur, ou Critès promené par son âne (par Gorsas). *Aux quatre coins du monde*, 1806, in-8, fig., d.-rel. bas.

VIII. — POLYGRAPHES, MÉLANGES, ETC.

712. Observations de Lamoignon de Malesherbes sur l'histoire naturelle. 1798, 2 vol. — Essai sur la vie, les écrits, les opinions de Malesherbes. 1819, 2 vol. — Catalogue des livres de la bibliothèque de feu G. Lamoignon Malesherbes. *Paris*, *Nyon*, 1797. — Ens. 5 vol. in-8, d.-rel.

713. Discours et Mémoires (par Bailly). *Paris*, *Debure*, 1790, 2 vol. — Lettres sur l'Atlantide de Platon et sur l'ancienne histoire de l'Asie, par Bailly. *Londres*, 1779, in-8. — Ens. 3 vol. in-8, rel. v.

714. Les Chaînes de l'esclavage, par Marat. *Paris*, l'an I de la République, in-8, cart., non rogn.

715. Recherches physiques sur le feu, par Marat. *Paris*, 1780, in-8, fig., mar. r.

Exemplaire avec une notice et une pièce de vers autog. de M. de Beauchesne.

716. Recherches physiques sur l'électricité, par Marat. *Paris*, 1782, in-8, d.-rel. mar. r., non rogné.

717. Plan de législation criminelle, par Marat. 1790, in-8, d.-rel., d. et c. mar. r., portr.

718. Œuvres diverses de Cerutti, ou recueil de pièces composées avant et depuis la Révolution. 1792, 2 vol. in-8, bas.

Avec une notice autogr. de M. de Beauchesne.

719. Œuvres de Michel Lepeletier Saint-Fargeau. *Bruxelles*, 1826, in-8, d.-rel. maroq. bl., non rogn., portr.

720. Œuvres mêlées et posthumes de Ph.-Fr.-Naz. Fabre d'Eglantine.. *Paris*, vendémiaire an XI, 2 vol. in-12, d.-rel. v. fauv., non rogn.

721. Œuvres mêlées de M. de Rozoi. *Paris, s. d.*, fr. gr., 2 vol. in-8, cart., non rogn.

En tête de cet exempl., notice autogr. sign. sur du Rozoi, par M. de Beauchesne, 5 feuillets in-8.

722. Œuvres philosophiques, littéraires, historiques et morales du comte d'Escherny. *Paris*, 1814, 2 vol. in-12, d.-rel. v.

723. Œuvres politiques, littéraires et dramatiques de Gustave III. *Paris*, 1805, 5 vol. in-8, pap. vélin, rel., dos et coins v. fauv., non rogn. (*Purgold.*)

Exempl. de M. de Labédoyère.

724. Eloges académiques, par Bertrand Barrère. *Paris*, 1806, in-8, d.-rel. v. fauv.

725. Du Fanatisme dans la langue révolutionnaire, par Laharpe. *Paris*, 1797, in-12. — Nouvelle Grammaire raisonnée, à l'usage d'une jeune personne. *Paris*, 1795, in-8, d.-rel. v. — Catalogue sur la Révolution française. *Paris*, 1869, in-8, pap. de Holl., d.-rel. maroq. r., non rogn. — Ens. 3 vol.

726. Réflexions sur le suicide, suivies de la Défense de la reine, publiée en août 1793. *Paris, Nicolle,* 1814, in-8, d.-rel. mar. bl.

727. Pièces historiques. 10 p. in-8, br.

La Convention telle qu'elle fut et telle qu'elle est. 1790. — Testament de Rewbell. — Les Douze Représentants du peuple détenus à Port-Libre à leurs collègues. — La France heureuse par la Constitution, par A.-J. Fauchet. 1792. — D'Aubigné, membre du Comité révolutionnaire, à Philippeaux. An II. — Quelques Idées à l'ordre, mais peut-être pas à la couleur du jour. 1795. — Mémoire de M. Delatude, ingénieur. 1789. — Etc.

728. Compte rendu par André Dumont à ses comettans. An V, 4 vol. — Ecrits et Discours, par F. Lanthenas. Vendém. an II. — Du Spectateur françois pendant le gouvernement révolutionnaire. In-8, an III. — Copies de l'instruction personnelle au représentant Drouot. — Ens. 5 vol. in-8, rel.

729. Recueil de la Correspondance saisie chez Lemaître. *Paris*, brumaire an IV. — Récit de ce qui s'est passé au château des Tuileries le mercredi 20 juin 1792. — Résumé de plusieurs lettres écrites du Temple au citoyen Merlin. — Abrégé de la procédure criminelle instruite au Châtelet de Paris. 1790. — Supplément aux crimes des anciens comités de gouvernement. An III. — Ens. 5 vol. in-8, d.-rel.

730. Pièces historiques. 10 vol. ou pièces in-8.

Réponse du comte de Lally-Tollendal à M. l'abbé d'Egrigny. 1793. — Esprit des séances de l'Assemblée nationale. 1790.

— Almanach du républicain Monnier. — Appel au tribunal de l'opinion publique. 1791. — Rapport de Talien sur l'affaire de Quiberon. — Etc., etc.

731. Matières diverses, environ 150 pièces in-8, br., de 1789 au Directoire. Rapports, Discours, Opinions, Écrits sur les événements qui ont eu lieu dans les provinces de la France, Facéties, Pamphlets, etc.

732. Histoire des hommes de proye, par Roch Marcandier. — Réponse d'Ernest Duquesnoy aux dénonciations faites contre lui par Guffroy, etc. — Ens. 2 vol. in-8, br.

733. Environ 150 pièces non classées, touchant les hommes et les événements pendant tout le cours de la Révolution française, br. en bon état.

735. Dictionnaire abrégé de la France monarchique. An X (1802), in-8, rel. v. rac., fil. — Petit Dictionnaire libéral (par Rougemont). *Paris*, 1823, in-12, demi-rel. v. fauv., non rogn.

736. Tablettes chronologiques, à l'usage du Prytanée. — Mémoires de Fouché, duc d'Otrante. 1819. — Ode pour célébrer l'élévation de S. M. Napoléon à l'empire, par Mayer (en hébreu). *Paris*, 1804. — La Révolution française et Bonaparte, tragédie en cinq actes et en vers. — Ens. 4 vol. in-8 et in-12.

737. Tablettes chronologiques des révolutions de l'Europe. 1802. — Liste alphabétique des représentants du peuple, par Lacroix. 1er nivôse an V. — Manuel pour la concordance des calendriers républicain et grégorien. 1822. — Etc., etc. — Ens. 6 vol. in-12, demi-rel.

738. Fruits de la solitude et du malheur, par Félix Faulcon. An IV. — Maximes et Réflexions, par M. G. de Lévis. 1808. — Nouveaux Dialogues des morts entre les plus fameux personnages

de la Révolution, par F. Pagès. An VIII (1800).
— Etc. — Ens. 5 vol. in-12 et in-8, demi-rel.

739. Vues sur la Révolution actuelle. *Paris*, 1790.
— Vie de M. Turgot, (par Condorcet). *Londres*,
1786. — Histoire de l'assassinat de Gustave III.
1797. — Appel à l'impartiale postérité, par la
citoyenne Roland. *Paris, s. d. (Manque la troisième partie.)* — Ens. 4 vol. in-8, rel. pl.

740. Vie du Dauphin, père de Louis XVI, par
l'abbé Proyart. 1778, in-8, rel. v., fil., portr.
(Armes du comte de Provence.) — Vie de
Louis XVI. In-8, v. gr., portr. — Vie de
Louis XVI. *Londres*, 1800, in-12, demi-rel.
mar. bl., portr. — Ens. 3 vol.

741. Tableau historique de l'Europe, de 1786 à
1796, par P. Ségur. An XI (1803), 3 vol. — Le
Spectateur français, par le cit. Delacroix. An III.
— Tableau politique de l'Europe. An VI. — Coup
d'œil rapide sur la Révolution française, par Ba-
lardelle. An VII. — Etc. — Ens. 8 vol. in-8,
demi-rel.

742. La Bastille, mémoires, par Dufey. *Paris*,
1833. — Portefeuille politique d'un ex-employé
au ministère de la police, par Lebrun (de Gre-
noble). An IX. — Ens. 2 vol. in-8, demi-rel.

743. Exposé des travaux de la Commune de Paris.
1790. — Considérations sur la France, par d'Ar-
genson. *Londres*, 1797. — Annales françaises,
par Sallier. 1813. — Histoire des états généraux,
par Granié. 1814. — Etc., etc. — Ens. 6 vol.
in-8, demi-rel.

744. Lettres choisies de Charles Villette. *Paris*,
1792. — Mémoires d'un sot (par Lombard de
Langres). 1820. — Poésies de M. Guyetand. 1790.
— Ens. 3 vol. in-8, cart., non rogn.

745. Camille Jordan à ses commettants, sur la révolution du 18 fructidor. *Paris*, an VI. — Anecdoctes secrètes sur le 18 fructidor. *Paris*, fig. — Déportation et Naufrage de J.-J. Aymé, ex-législateur. *Paris, s. d.* — Mémoires historiques de Barthélemy (par Soulavie). An VII. — Histoire du dix-huit brumaire, par Gallais. *Paris*, 1814. — Ens. 5 vol. in-8, rel.

746. Recueil de pièces originales en 1 vol. in-8, demi-rel. v. bl. (*Douze vers aut. sign. deM. A. de Beauchesne.*)

> 1º Le Naviget-Anticyras, ou le Système sans principe.
> 2º Bon Dieu ! qu'ils sont donc bêtes ces Français. In-8, 1791.
> 3º Les Brigands démasqués, par Aug. Danican. 1796, fig.
> 4º La Terreur et les Terroristes, par Bérenger. 1814.

747. Mélanges législatifs, historiques et politiques, par Félix Faulcon. *Paris*, an IX (1801), 3 vol. in-8, rel. v. f.

748. Le Club des Jacobins, comédie. 1792. — Histoire secrète de Coblentz. — Plan de pacification. *Hambourg*, 1795. — De ce que l'Empire est en droit d'exiger. — Correspondance entre le baron de Hardenberg.... — La Neutralité du Palatinat. — Etc., etc. — Ens. 9 pièces en 1 vol. in-12, demi-rel. v. ant.

749. Les Aventures politiques du père Nicaise, ou l'Antifédéraliste (attribué à Frey, beau-frère de Chabot). *Paris*, 1793. — Almanach des prisons. *Paris*, an III. — Etc. — Ens. 3 vol. in-18, demi-rel.

750. Epîtres et Evangiles du républicain, à l'usage des jeunes sans-culottes. *Paris*, 1793. — Catéchisme français républicain, par Bias-Parent. *A Commune-Affranchie*, an II. — Etc. — Ens. 3 vol. in-18, demi-rel. v.

751. Chansonnier du royaliste. In-32, fig., mar. r. — Correspondance et Ecrits politiques de S. M.

Louis XVIII. 1824, in-18, demi-rel. bas. — Vie anecdotique de S. A. R. Mgr le Dauphin, duc d'Angoulême. 1824, in-18, rel. v. ant. gauf., tr. dor. — Le Jeune Age des Bourbons, depuis Henri IV jusqu'à nos jours. 1822, in-18, rel. v. rac. — Ens. 4 vol.

752. Almanachs de 1848 à 1850. Almanach des opprimés, — du peuple, — des réformateurs. — Démocrate progressif. — Tablettes révolutionnaires, par Cadiot. 1848. — Procès de Fieschi. 1836. — Ens. 10 vol. rel. en 4, demi-rel. mar. ou v., non rogn.

753. La Loy salique, livret de la première humaine vérité, par Guillaume Postel. 1780. — Almanach de la Convention nationale. An III, fig. — Le Nostradamus moderne, almanach national pour 1790. *A Liége*. — Ens. 3 vol. in-18, demi-rel., non rogn.

754. L'Ami du roi, almanach des honnêtes gens. 1792. — Descente de Louis Capet dans la région des ombres. An VIII. — Vie privée et publique de Louis XVI, roi de France. *Avignon*, 1814. — Ens. 3 vol. in-18, demi-rel.

755. Vie privée du vicomte de Mirabeau. *Londres*, 1790. — Vie privée de l'abbé Maury. 1790. — Suite de la Vie privée de l'abbé Maury. 1790. — Nouveau Pot-pourri national. — Le Réverbère françois. — Requête de la reine à nosseigneurs du tribunal de police (libelle contre Marie-Antoinette). — Ens. 16 p. in-8, remontées et rel. en un vol. in-4, demi-rel. v.

756. Entretiens de la mère Saumon, doyenne de la halle, suivis de vaudevilles. 1792. — Bulletin de l'Assemblée nationale, pot-pourri sur des airs de l'ancien régime. 1792. — La Révolution française en vaudeville. *Coblentz*, 1792, fig. — La

Constitution de 1795 en vaudeville. 1796, fig. —
Ens. 1 vol. in-32, mar. vert, fil., tr. dor.

Aux armes de M. de Beauchesne.

757. Les Imitateurs de Charles IX, ou les Conspirateurs foudroyés, drame en cinq actes. 1790,
2 grav. — Le Remue-ménage, ou la Députation
du Vatican. 1789, fig. — L'Evangile du jour.
1789. — La Journée des dupes. 1790. — Vie de
Louis XVI, portr. — Rendez-nous la Bastille. —
La Prise des Annonciades. — Réflexions d'un
fou. 1789. — Oui, j'ouvrirai les yeux. — L'A-
mende honorable. — Etc. — Le tout en un vol.
in-8, demi-rel.

758. Mémoire sur un moyen infaillible de faire re-
naître le patriotisme en France dans toutes les
classes. 1789. — Le Financier patriote, par Roland. 1789. — Plan nourricier, ou Recherches
sur les moyens à mettre en usage pour assurer le
pain au peuple français, par Rauch. *Paris*, 1792.
— Ens. un vol. in-8, demi-rel.

759. Lettres de Manuel sur la révolution de l'an III
de la liberté. — Vie secrète de Pierre Manuel,
avec portr. — Vie politique de Jérôme Pétion,
avec portr. — Vie privée d'Hébert, auteur du
Père Duchêne. An II. — Procès instruit au Tribunal révolutionnaire contre Hébert et consorts.
An II. — Ens. un vol. in-8, demi-rel.

760. Petit Catéchisme à l'usage du clergé, de la noblesse et du tiers-état. — Cahier des plaintes et
doléances des dames de la halle de Paris, rédigé
au salon des Porcherons. 1789. — Confession générale du comte d'Artois. 1789. — Confession et
Repentir de Mme de Polignac. 1789. — Mémoire
pour la citoyenne Montansier. — La Vérité sur
les acteurs des journées de septembre 1792. —
Etc. — Ens. 6 pièces en un vol. in-8, demi-rel.
mar. noir.

761. Specimen characterum latinorum existentium in Cæsarea ac regio-aulica typorum fusura apud Joannem Thomam Trattner. *Vindobonæ* (Vienne), 1760, in-4, mar., dent., tr. dor. (*Anc. rel.*)

Ce livre porte cette mention de la main de M. de Beauchesne : « Ce Spécimen des caractères latins de la typographie de J.-T. Trattner appartenait à la reine MARIE-ANTOINETTE. »

EMPIRE, RESTAURATION,
GOUVERNEMENT DE JUILLET

762. Des Causes qui ont amené l'usurpation du général Bonaparte et qui préparent sa chute. *Londres*, 1800, in-8, demi-rel. v.

763. Bonaparte der Gefurchtete Moreau (der Geach-
tete). *Aachen*, 1804, in-12, demi-rel. v. f.

764. Procès de Pichegru, Moreau et autres, conspiration contre le premier consul. *Paris*, 1804,
6 vol. in-8, rel. en peau de chèvre, portr.

765. Napoléon Ier, empereur des Français, prédit
par Nostradamus, par Bellaud, D. M. *Paris*, 1806,
in-12, v. rac., fil., tr. dor.

766. La Vie de Toussaint-Louverture, chef des
noirs insurgés de Saint-Domingue. 1802, in-8,
br.

767. L'Homme du siècle, ou Napoléon dans son
intérieur, par le comte de ***. *Paris*, 1835. —
Napoleon in the ofter world. *London*, 1827, fig.
— Mémorial de sir Hudson Lowe. *Paris*, 1830,
fig. — Ens. 3 vol. in-8 ou in-12, demi-rel.

768. Histoire du couronnement, ou Relation des
cérémonies religieuses, politiques et militaires qui
ont eu lieu pendant les jours du couronnement
et du sacre de S. M. I. Napoléon Ier. *Paris*, thermidor an XIII (1805).

769. Napoléon Ier. 20 pièces pour ou contre, in-8,
br.

Pamphlets, etc., dont : Conspiration anglaise. An IX. — Le Grand Homme. *Londres*. 1800. — Portrait d'Attila, par Mme de Staël. 1814. —Les Derniers Adieux à Bonaparte victorieux. 1800. — La Vérité sur le cardinal Fesch. 1842. — Etc.

770. Histoire de la conjuration du général Malet, par l'abbé Lafon. *Paris*, 1814, cart., non rogn. (*Port. ajout.*) — Histoire de la conjuration du général Malet, par le même. 1814. (Cette édit., différente de la précédente, contient l'interrogatoire). — Ens. 2 vol. in-8, dem.-rel. maroq.

771. Duc d'Enghien. 13 pièces relatives à son histoire et à sa catastrophe : dont Mémoires et Lettres authentiques. 1825, 1 vol. — De l'Assassinat et de sa Justification. — Catastrophe du duc d'Enghien. — Pièces historiques et inédites du duc d'Enghien. — Le Duc d'Enghien, histoire, drame. 1 vol. — Etc. Plus : Mémoire médico-légal du duc de Bourbon-Condé. — Trois Ans au palais Bourbon. In-8, br.

772. Mémoires pour servir à l'histoire de la maison de Condé (par de Sevelinges). *Paris*, 1820, 2 vol. in-8, demi-r. bas.

773. La Colonne de la Grande-Armée, gravée par Ambroise Tardieu. *Paris*, 1822, in-4, 38 pl. gr.

774. Nouvelle Relation de l'itinéraire de Napoléon de Fontainebleau à l'île d'Elbe, par le comte de Waldebourg-Truchsess. *Paris*, 1815. — Voyage à l'île d'Elbe, par Thiébaut de Berneauds. 1808, fig. — 2 vol. in-8 rel. en un, dem.-v., n. rog.

775. Itinéraire de Buonaparte de l'île d'Elbe à l'île Sainte-Hélène, par J.-B.-G. Fabry. *Paris*, 1817, 2 vol. in-8, dem.-rel. mar. bl.

776. Journal écrit à bord de la frégate la *Belle-Poule*, par le baron de Las Cases. *Paris*, 1841, gr. in-8, cart., n. rog., fig.

777. Mémorial de Sainte-Hélène. *Paris*, 1830, 15 vol. in-8 rel. en 7, fig. — Mémoires, Pensées et Souvenirs de Napoléon. 1821. — Ens. 8 vol. in-18, dem.-rel. v.

778. Manuscrit venu de Sainte-Hélène d'une manière inconnue. *London*, 1817, dem.-rel., dos et coins v. ant. — Notice sur l'île d'Elbe. 1814. — Eloge de Bonaparte. An VII.— Ens. 3 vol. in-12 ou in-8, br. ou cart.

779. Conversations religieuses de Napoléon, par le chevalier de Beauterne. *Paris*, 1840, in-8, dem.-rel. chagr., n. rog.

780. Biographie des contemporains, par Rabbe, Sainte-Preuve, etc. *Paris*, 1836, 5 vol. in-8, rel. dos et coins v. fauv.

781. Histoire de la Restauration, par Alfred Nettement. *Paris*, 1860, 6 vol. in-8 rel. en 3, dem.-chagr.

Hommage de l'auteur à M. de Beauchesne. Note autogr. de M. de Beauchesne.

782. Mon Journal, événemens de 1818, par Louis-Philippe d'Orléans. *Paris, Mich. Lévy*, 1849, 2 vol. in-12, d.-rel. maroq.

Avec une pièce de vers autogr. sign. de M. de Beauchesne, dans laquelle le roi de 1830 est jugé sévèrement.

783. Rapport fait à Sa Majesté Louis XVIII, par M. de Barentin. *A Londres*, 1796, in-8, rel. v. rac.

784. La Minerve française, par M. Aignan, Benj. Constant, etc., etc. *Paris*, 1818-1820, 9 vol. in-8, dem.-rel.

785. Biographie des dames de la cour et du fau-

bourg Saint-Germain, par un valet de chambre congédié. In-8, 1826, dem.-rel. v. f.

786. Souvenirs d'une vieille femme, par Mme Sophie Gay. *Paris*, 1834, in-8, dem.-rel. v.

Hommage de Mme S. Gay à M. de Beauchesne.

787. Prières et Cérémonie du sacre de S. M. Charles X. *S. d.*, 1825, in-18, rel. bas. gauf. au chiffre de Ch. X.

Poésie autogr. de M. de Beauchesne.

788. Procès des ministres de Charles X. *Paris*, 1830, 2 vol. in-8 rel. en un, dem.-v.

789. Louis-Philippe et la Contre-révolution, par Sarrens. 1834, 2 vol. in-8, *fac-simile* d.-rel. mar.

Exempl. avec une pièce de vers autographe signée de M. de Beauchesne.

790. Deux Ans de règne, 1830-32, par Alp. Pepin. *Paris*, 1835, in-8, d.-rel. v.

Exempl. au chiffre de Louis-Philippe, avec une pièce de vers autogr. sign. de M. de Beauchesne.

791. Paroles d'un croyant, 1833 (par Lamennais). *Paris*, 1841. — Le Pays et le Gouvernement, par Lamennais. *Paris*, 1840. — Ens. 2 vol. in-18 rel. en un, v. pl., fil., tr. d.

Armes de M. de Beauchesne.

792. Livre de Poste, pour l'an 1844. *Paris, imp. royale*, 1844, in-8, mar. r., fil., tr. dor. (*Aux armes du roi Louis-Philippe.*)

Ce livre, trouvé aux Tuileries le 24 février 1848, a appartenu à Louis-Philippe. — Une lettre du maire du Xe arrondissement de Paris au maire central (26 mars 1841) atteste l'authenticité de cette provenance et relate cette particularité que, quand ce livre a été trouvé, « le signet était à la route de Dreux ».

793. Dictionaire démocratique, manuel du citoyen, par Francis Wey. *Paris, Paulin*, 1848, in-12, cart., n. rog.

794. Les Confessions d'un révolutionnaire, par Proudon. 1850, in-8, d.-rel.

795. Le château de Chambord, par L. de La Saussaye. *Blois*, 1841, in-18, fig., d.-rel. v. fau.

Hommage de l'auteur.

796. Manuel du libraire et de l'amateur de livres, par J.-C. Brunet. *Paris*, 1842-44, 5 vol. in-8, d.-rel. maroq., n. rogn.

797. Dictionnaire bibliographique, par P. (Psaume). *Paris*, 1824, 2 vol. rel. en un. — Catalogue des livres de Capé, L. Double, Berryer, Leroux de Lincy, Grassot, J. Lecomte, etc., etc. — Ens. 5 vol. in-8, cart., n. rog.

798. Catalogue des livres et des autographes de J. Brunet. *Potier et Charavay*, 1868, in-8, rel. dos et coins mar. roug., n. rog. (*Exemp. pap. de Holl. — Port. gr. ajouté.*)

799. Catalogue des livres de M. Armand Cigongne. *Paris, Potier*, 1861, in-8, d.-rel. maroq. (*Pap. fort.*)

800. Catalogue des lettres autographes de M. Lajariette. *Charavay*, 1860. — Catalogue des lettres autographes de M. Fossé-Darcosse. *Téchener*, 1861.— Ens. 2 vol. in-8, rel. d.-mar. en un vol.

801. Catalogue de la bibliothèque de M. N. Yémeniz. *Paris, Bachelin*, 1867, in-8, dem.-rel., n. r.

802. Catalogue de la bibliothèque de M. Tenant de La Tour. *France*, 1863. — Catalogue de la librairie Potier. 1863.— Catalogue Chaudé. 1867. — Etc.— Ens. 2 vol. in-8, dem.-rel. mar. La Vall.

803. Catalogue de la bibliothèque de M. le baron
P. (Pichon). *Potier*, 1869. — Catalogue de la
bibliothèque de M. le comte H. de La Bédoyère.
Potier, 1862. — Catalogue des livres de M. Potier. 1870. — Catalogue de la bibliothèque de
M. de Corbière. *Bachelin*, 1869. — Ens. 2 vol.
in-8, cart., n. r.

804. Catalogue de la Bibliothèque de M. Félix
Solar. *Téchener*, 1860. — Catalogue de M. Portalis. *Potier*, 1859. — Catalogue Monmerqué.
Téchener, 1861.— Ens. 2 vol. in-8, d.-rel. mar.
et cart., n. rogn.

805. Catalogue de livres. Bibliothèque de MM. Mo-
rante, Luzarche, Potier, Dr Dangen, de Lassizé,
etc., etc. Ens. 40 vol. in-8, br.

806. Archives de l'Empire, collection de Sceaux,
par M. Douet d'Acq. *Paris, Plon*, 1863. 3 vol.
in-4. — Le Parlement de Paris, sa compétence.
Plon, 1863.— Invent. des Archives, régime anté-
rieur à 1789. *Paris*, 1871.— Ens. 6 vol. in-4, br.

COMMUNE DE 1871

807. Réimpression (*in extenso*) du Journal officiel de la Commune. *Victor Brumel*, 1871, in-4, cart.

808. Le Père Duchêne, par Vermersch, Germinal an 79 (1870), n°s 1 à 50 (*complet*). — Le Testament du Père Duchêne.. — Le Fils du Père Duchêne illustré, dix numéros (*complet*). Ens. 1 vol. rel. dos et coins maroq. r., n. r. — La Grande Colère du Père Duchêne. Du 16 ventôse au 3 germinal an 79 (1871), 8 n^{os} in-8, vig., br.

809. Paris-Libre (rédacteur en chef Vésinier). Du 12 avril au 24 mai 1871, 43 n^{os} (*complet*).

810. La Montagne, journal de la révolution sociale, rédacteur en chef Gustave Maroteau. Du 2 au 25 avril 1871, 22 numéros.

811. Le Cri du peuple, rédacteur en chef Jules Vallès. Du 22 février au 23 mai 1871, 83 numéros (*complet*).

812. Le Vengeur, directeur politique Félix Pyat. 1re série, du 3 février au 11 mars 1871.; 2e série, du 30 mars au 24 mai 1871 (*complet*).

813. La Commune. Du 20 mars au 19 mai 1871, 60 numéros (*complet*).

814. La Nouvelle République, rédacteur en chef Paschal Grousset. Du 19 mars au 12 avril 1871, numéros 8 à 20. — L'Affranchi, rédacteur en chef Paschal Grousset. Du 2 au 25 avril 1871 (numéros 1 à 24).

815. Le Bonnet rouge, rédacteur en chef Secondi-

gné. Du 10 au 22 av. il 1871, numéros 1 à 13.
— L'Estafette, rédacteur en chef Secondigné.
Du 23 avril au 23 mai 1871, numéros 1 à 30.

A partir du 31 mai, l'*Estafette* est semé de petites charges de Randon, employées comme fleurons.

816. Le Mot d'ordre, rédacteur en chef .Henri Rochefort. Du 3 février au 13 mai 1871, 86 numéros (*complet*).

817. La Marseillaise, rédacteur en chef Henri Rochefort. 1re série, du 19 décembre 1869 au 25 juillet 1870, numéros 1 à 156.

818. Le Combat, directeur politique Félix Pyat. Du 19 septembre 1870 au 23 janvier 1871, numéros 1 à 131 (*complet*).

820. Le Réveil du peuple. Du 18 avril au 21 mai 1871, numéros 1 à 33.

821. Le Grelot. Du 9 avril 1871 au 23 mars 1873, numéros 1 à 102.

Caricatures coloriées par Bertall et autres.

822. Journaux de Paris pendant la guerre et la Commune, de juillet 1870 à juillet 1871. Le *Moniteur*, l'*Ordre*, *Paris-Journal*, la *France*, le *Petit Journal du soir*, etc. Environ 200 numéros.

823. Les Otages (1871) : Mgr Darboy, le curé Deguerry, le président Bonjean. Dossier in-folio, portr., etc.

MANUSCRITS

824. Les Jésuites (xvɪᵉ, xvɪɪᵉ, xvɪɪɪᵉ siècles). Documents historiques, Manuscrits, Mémoires, Remontrances, etc. Dossier de 14 cahiers mss. In-4.

825. CORRESPONDANCE DE M. DE VERGENNES. Année 1774. Manuscrit de 350 pages in-fol., dem.-rel. maroq. vert.

> Ce précieux recueil a été copié et soigneusement collationné sur les minutes originales par M. de Beauchesne.

826. Une forte liasse de documents mss. sur la Révolution française, lettres inédites copiées et collationnées sur les originaux, par MM. de Beauchesne et J. Charavay, expert, etc., etc. Environ 150 pièces.

827. Louis XVI, Marie-Antoinette, Madame Elisabeth.

> Dossier contenant des documents copiés par M. de Beauchesne, des documents originaux, des portraits, etc., etc. Environ 80 pièces in-4 et in-fol.

828. Documents concernant la tour du Temple. Figures et autographes, dossier de 13 pièces in-4 et in-fol. (*Curieux.*)

829. Louis XVII.

> Dossier contenant des documents originaux, des documents copiés par M. de Beauchesne, des fac-simile et des portraits de Louis XVII du temps de la Révolution. Ens. 37 p. in-4 et in-folio.

ESTAMPES

830. Suite de 3o portraits gravés par Levachez et
accompagnés de scènes historiques gravées par
Duplessis-Bertaux. Texte gravé, in-fol., d.-rel.

831. Suite de 15o portraits gravés par Dutertre
pour l'Histoire de l'expédition d'Egypte. In-8.

832. Portraits de personnages de la Révolution et
de l'Empire. Portraits gravés par Bonneville et
Guérin, portraits au physionotrace, etc. Ens.
112 p. in-8.

833. Portraits de personnages célèbres de la Révolution et de l'Empire. 15o p. in-8. (Ces portraits
sont, pour la plupart, contemporains des personnages qu'ils représentent.)

834. Portraits de personnages de la Révolution, de
l'Empire et de la Restauration. Environ 45o p.
in-8.

835. Scènes de la Révolution et de l'Empire, vignettes de Raffet, Wattier, Couché, Tony Jo-
hannot et Bellangé, etc., etc. Environ 45o p. in-8.

836. Scènes de la Révolution, grav. du temps. 72
p. in-8.

837. Suite de 17 figures grav. par Berthault, sur
les scènes principales de la Révolution, in-4, pap.
teinté.

838. Suite de 6 gravures représentant les scènes de
la vie de Louis XVI et de sa famille en 1792 et

1793, dessinées en 1794 par Bouillon, et grav. par Vérité, gr. in-fol. — Marie-Antoinette écoute la lecture de sa condamnation. Tab. de Müller photographié par Michelet, in-fol. — Ens. 7 p.

839. Monument destiné à honorer les victimes de Quiberon, lithog. sous la direction de Fragonard. 7 planch. in-fol. et texte, br.

840. Relation des fêtes données par la ville de Strasbourg à Leurs Majestés Impériales et Royales les 22 et 23 janvier 1806. 5 fig. au trait in-fol. et texte.

841. Costumes des représentants du peuple, membres des deux Conseils, du Directoire, des ministres, des tribunaux, etc., etc. In-8, br. (*Fig. coloriées.*)

842. Caricatures de la Révolution, noires et coloriées. 18 pièces in-4 et in-8. (*Curieuses et rares.*)

843. Caricatures politiques. An VI, in-12, br. (*5 figures coloriées.*)

Très-curieuses.

OUVRAGES DE M. DE BEAUCHESNE

844. Ode à MM. les députés, suivie d'un dithyrambe sur la grâce et d'un dithyrambe sur Napoléon. *Paris*, 1821, in-8 de 16 pages, br.

845. Recueil de tombeaux, 10 planches lithogr. par
M. Alcide du Bois (de Beauchesne). In-fol., en
feuilles.

846. Souvenirs poétiques, 3ᵉ édition, revue, cor-
rigée et augmentée. *Paris, Dentu,* 1834, in-8, br.

847. Prière. *S. d.*, 4 feuillets in-8.

848. Talleyrand. *Composé à Paris, à grant haste,
le div-huitième jour de mai* 1838, 16 pag. in-8,
br.

> Ce poëme dramatique, tiré à très-petit nombre, est imprimé
> en caractères gothiques.

849. Le Livre des jeunes mères. *Paris, Plon*, 1858,
in-8, br.

850. Le Livre des jeunes mères. *Paris, Plon*, 1860,
in-12, br., fig.

> Exempl. tiré sur papier vert.

851. Louis XVII, sa vie, son agonie, sa mort; captivité de la famille royale au Temple. *Paris,
Plon*, 1861, 2 vol. gr. in-8, pap. vél., portr., pl.
et *fac-sim.*, br.

852. Louis XVII..... *Paris, Plon*, 1866, 2 vol.
in-12, portr. et *fac-sim.*, br.

853. Louis XVII..... *Paris, Plon*, 1867, 2 vol. in-8, portr., plans et *fac-sim.*, br.

854. Derniers Moments de Madame Élisabeth (extrait de la *Revue des questions historiques*). *Paris*, 1868, gr. in-8. (*Tirage sur papier vert.*)

855. La Vie de Madame Élisabeth, sœur de Louis XVI. *Paris, Plon*, 1869, 2 vol. in-8, portr., *fac-sim.*, br.

856. La Vie et la Légende de Mme sainte Notburg. Etablissement de la foi chrétienne dans la vallée du Neckar. Ouvrage divisé en trois livres et trente-neuf chapitres. *Paris, Plon*, 1868, gr. in-8, br.

84 gravures d'après les dessins de M. S. Langlois. Édition imprimée en caractères gothiques.

857. La Vie et Légende de Mme sainte Notburg..... *Paris, Plon*, 1870, gr. in-8, br.

84 gravures d'après les dessins de M. S. Langlois. Édition imprimée en caractères elzéviriens.

TABLE

Paris — Imp. Gauthier-Villars, quai des Grands-Augustins, 55